50 Network Marketing Sawal Jawab Scripts

Orange Books Publication

1st Floor, Rajhans Arcade, Mall Road, Kohka, Bhilai, Chhattisgarh 490020

Website: **www.orangebooks.in**

© Copyright, 2024, Author

All rights reserved. No part of this book may be reproduced, stored in a retrieval system, or transmitted, in any form by any means, electronic, mechanical, magnetic, optical, chemical, manual, photocopying, recording or otherwise, without the prior written consent of its writer.

First Edition, 2024

ISBN: 978-93-5621-822-2

50 NETWORK MARKETING सवाल जवाब स्क्रिप्ट

VINOD SEN

Orange Books Publication
www.orangebooks.in

About Author

विनोद सेन एक मोटिवेशनल स्पीकर, नेटवर्क मार्केटिंग, सेल्स और लीडरशिप कोच हैं। विनोद सेन एक इंजीनियरिंग छात्र थे जब उन्होंने 2016 में नेटवर्क मार्केटिंग में शुरुआत की। वह पिछले 8 सालों में 1.5 लाख से ज्यादा लोगों को ट्रेनिंग दे चुके हैं। उन्होंने डायरेक्ट सेलिंग व्यवसाय में वर्षों से विकसित की गई सफलता की तकनीकों को लोगों तक पहुंचाना और उन्हें सफलता की राह पर ले जाना अपने जीवन का मिशन बना लिया है।

About Book

इस पुस्तक को पढ़कर आप नेटवर्क मार्केटिंग में आने वाले उन सभी सवालों के जवाब बहुत आसानी से दे सकते हैं, जिन सवालों के आने से आप घबरा जाते हैं या अपने प्रोस्पेक्ट को बिजनेस को स्टार्ट नहीं करा पाते।

यह पुस्तक आपके उन सारे प्रोस्पेक्ट को खराब होने से बचाएगा जिनके सवालों का जवाब आप सही से नहीं दे पाते।

इस पुस्तक में आपको नेटवर्क मार्केटिंग में आने वाले टॉप 50+ सवालों के जवाब के स्क्रिप्ट पढ़ने को मिलेगी ।

जैसे :-

1. मैं सोच कर बताऊंगा ।

2. मैं ज्यादा लोगों को नही जानता (मेरे पास contacts नहीं है)

3. मुझे MLM / CHAIN सिस्टम पसंद नहीं है। (CHAIN बनाने का काम है क्या ?)

4. मैं अपनी जॉब मे **संतुष्ट** हूँ, जॉब ही मेरा पैशन है

5. नेटवर्क मार्केटिंग इतना अच्छा काम है तो सभी क्यों नही कर लेते?

6. मैं लोगों को कन्विंस नहीं कर सकता।

7. मेरे अंकल, पड़ोसी फ्रेंड ने भी किया था लेकिन चला नहीं, छोड़ दिया।

8. मैं लोगों से बात नहीं कर सकता और मेम्बर नही बना सकता।

9. मैं selling नही कर सकता (या) प्रोडक्ट बेचने पडते हैं मैं नही कर सकता ये।

10. प्रोडक्ट महंगे हैं।

इसे पढ़ें बिना आगे न बढ़ें...!

इस किताब में दी गई हर स्क्रिप्ट का उपयोग करते समय उसे समय, माहौल, अपनी कला और व्यावहारिक ज्ञान (Common sense) के अनुसार ढालें। पहले पृष्ठभूमि समझें और सामने वाले व्यक्ति को जानें, उसके बाद ही जवाब दें।

पृष्ठभूमि को समझे बिना जवाब देना समझदारी नहीं है।

अनुक्रमणिका

1. मैं सोच कर बताऊंगा । 1
2. मैं ज्यादा लोगों को नही जानता (मेरे पास Contacts नहीं है।)................................ 3
3. मुझे Mlm / Chain सिस्टम पसंद नहीं है। (Chain बनाने का काम है क्या?) 5
4. मैं अपनी जॉब मे संतुष्ट हूँ, जॉब ही मेरा पैशन है 8
5. नेटवर्क मार्केटिंग इतना अच्छा काम है तो सभी क्यों नही कर लेते? 11
6. मैं लोगो को कन्विंस नहीं कर सकता। 13
7. मेरे अंकल, पड़ोसी फ्रेंड ने भी किया था लेकिन चला नहीं, छोड़ दिया। 14
8. मैं लोगों से बात नहीं कर सकता और मेम्बर नही बना सकता। 17
9. मैं Selling नही कर सकता (या) प्रोडक्ट बेचने पडते है मैं नही कर सकता ये। 19
10. प्रोडक्ट महंगे हैं। 21
11. मेरे पास टाइम नहीं है । 23

12. अगर लोग नहीं जुड़े तो? 25
13. Pyramid Scheme है क्या? 27
14. अगर कंपनी भाग गई तो?...............................29
15. पहले कुछ दोस्त तैयार हो जाएं 33
16. तुमने कितने पैसे कमा लिए?...............................35
17. ये लोगों को जोडने वाला काम मुझे पसंद नही ! 37
18. पहले भी मैंने इस तरह की कंपनी के साथ काम किया था, लेकिन मुझे कोई कमाई नहीं हुई। 40
19. "नेटवर्क मार्केटिंग के कारण मेरी पढ़ाई में डिस्टर्ब होगा। (अभी मेरी पढ़ाई चल रही है।)" 42
20. मेरे पास पैसा नहीं है... 44
21. मैं मीटिंग में नहीं जा सकता 48
22. प्रोडक्ट की क्या गारंटी है, जैसे आप बता रहे हो वैसे है भी या नहीं? 50
23. मुझे डिस्काउंट दो, दूसरा 30 % दे रहा है।................ 51
24. इस कम्पनी के जैसी बहुत सारी कंपनी है / मैंने फलानी कंपनी ज्वाइन कि थी।........................53
25. हमे कुछ अपना काम करना चाहिए। 54
26. Company दुकानों पर सामान क्यों नहीं बेचती है ?.....56
27. मेरे बच्चे अभी छोटे है। बड़े हो जाये फिर बिज़नेस करुंगी। . 57
28. मैं घर घर नहीं जा सकती। 59
29. मेरे हस्बैंड को ये काम पसंद नहीं है। नेगेटिव हैं। 60

30. मेरी फैमिली के लोग, रिलेटिव्स, और फ्रेंड्स मेरा मजाक उड़ाते है।...................................62
31. मैं पहले से जॉब करती हूँ फिर घर के काम और बच्चो से बिलकुल टाइम नहीं मिलता।............................63
32. डायरेक्ट सेलिंग में कोई स्कोप नहीं है।...................65
33. क्या गारंटी है नेटवर्क मार्केटिंग में पैसा आएंगे? 67
34. सिर्फ ऊपर ऊपर के लोग कमाते हैं 69
35. इस काम में कोई इज़्ज़त नहीं है। 71
36. मुझे पैसे की जरूरत नहीं हैं...!.........................73
37. दो नहीं मिले तो...? 75
38. मैंने काम नहीं किया तो?................................ 77
39. नीचे वाले ने काम नहीं किया तो ?......................79
40. आपके कंपनी की जॉइनिंग अमाउंट बहुत ज्यादा है........ 81
41. मेरे पास इस काम का अनुभव नहीं है....................83
42. यह तो लोगों को बेवकूफ बनाने वाला काम है...!.........85
43. यह बिजनेस इंडिया के हिसाब का नहीं है... 87
44. यह तो खाली / बेरोजगार लोगों का काम है..............88
45. कंपनी इतना पैसा कैसे देती है? 89
46. मुझे इसमें इंटरेस्ट नहीं है।............................... 90
47. मेरे हिसाब के प्रोडक्ट नहीं है… 92
48. मुझे अच्छा बोलना नहीं आता… 93
49. नेटवर्क मार्केटिंग में झूठे सपनें दिखाते हैं।.................95

50. बन्दे जोड़ने का काम तो नही है? 97

51. यह तो पढ़े-लिखे लोगों का काम है...................... 99

52. मैं एक साथ दो काम नहीं कर सकता...। 101

53. यह छोटे-मोटे काम मैं नहीं करता...। 103

54. मेरा तो भाग्य ही खराब है...।........................ 105

55. नेटवर्क मार्केटिंग से पर्सनल संबंध खराब होते हैं । 107

56. मैं नेटवर्क मार्केटिंग बिजनेस नहीं कर सकता, इसमे बहुत रिस्क है।................................ 109

57. अभी नेटवर्क मार्केटिंग बिजनेस में सॅच्युरेशन आ गया है...111

58. नेटवर्क मार्केटिंग में स्वार्थी, लालची लोग होते हैं।........ 113

59. Most –Important 115

60. नेटवर्क मार्केटिंग को जोडने वाला बिजनेस कहकर मजाक उड़ाने वालों के लिए एक सवाल ही काफी है।............117

OBJECTION - 1

मैं सौच कर बताऊंगा।

PROSPECT :- मैं सोच कर बताऊंगा।

YOU :- क्या सोचेंगे आप ?

PROSPECT :- यही की करना है कि नहीं।

YOU :- जब आप सोचोगे तो कुछ सवाल होंगे, जिनके जवाब आपके पास नहीं होंगे। आप अपने कुछ दोस्तों और रिश्तेदारों से पूछोगे उनकी सलाह अलग होगी,फैक्ट्स उनको पता नहीं होंगे। ये कुछ ऐसा ही होता है जैसे सचिन से एक्टिंग की बेस्ट नॉलेज लेना या शाहरुख से क्रिकेट की बेस्ट नॉलेज लेना। जबकि दोनों ही अपनी अपनी फील्ड में बेस्ट है पर यह

गलत हो जायेगा। और बिजनेस स्टार्ट करके उन्ही से बात करनी है। कैसा रहे की बाद में आप और हम उन्ही लोगो से बात करे और महीने का आप 20-30000 कमाने की तैयारी करे। इसमें हम आपकी पूरी हेल्प करेंगे।

DECISION लेने लायक फैक्ट्स जानने के लिए मैं आपको एक बहुत ही बढ़िया प्रोग्राम में INVITE करता हूँ। सेमिनार में बहुत अच्छा प्रोग्राम है। एंड फैक्ट्स जानने के बाद आप डिसीजन ले पायेंगे। यह काम बिलकुल ड्राइविंग सीखने की तरह नहीं है जिसमें सारी स्किल आपको आनी चाहिए

बल्कि यह कीर्तन में सत्संग में बैठने जैसा है, कुछ काम आप करेंगे और कुछ टीम करेगी, इस तरह आपका बिजनेस बढ़ता है।

चलिए जो काम फ्री में हो रहा है, वह तो करवा ले बिज़नेस के DECISION आप बाद में भी ले सकते है। मैं हूँ आपके साथ चलिए शुरू करते हैं। फॉर्म भर लेते हैं। फिर भी अगर प्रोस्पेक्ट बोले कि पति या वाइफ से बात करके बताऊँगा तो कहें कि कैसा रहेगा की हम उन्हें ये फैक्ट्स डेमो करके दिखाएँ ताकि वो सही डिसीजन ले। उसके बाद भी मन न हो तो कोई बात नहीं। हम दोस्त रहेंगे। कंपनी Catalogue या Brochure दे अगले मीटिंग का टाइम फिक्स करे और गले या हाथ मिलाकर विदा करे।

OBJECTION - 2

मैं ज्यादा लोगों को नही जानता (मेरे पास contacts नहीं है।)

PROSPECT :- मैं ज्यादा लोगों को नही जानता (मेरे पास contacts नहीं है।)

YOU :- नेटवर्क मार्केटिंग बिजनेस के लिए बहुत ज्यादा संपर्क या पहचान जरूरी नहीं है। यह हरगिज जरूरी नहीं है कि हमारे पहचान का हर व्यक्ति हमारे साथ जुड़ जाए। एक साधारण इंसान बचपन से लेकर बड़े होने तक जितने लोगों के संपर्क में आता है, चाहे वह दोस्त हो या रिश्तेदार, चाहे पड़ोसी हो या सहपाठी, चाहे वह व्यापारी हो या प्रोफेशनल, इन सामान्य व्यक्तियों के बलबूते भी हम एक बहुत बड़ा नेटवर्क खड़ा कर सकते हैं।

फिर इसके बाद सवाल करें :-

YOU :- क्या सर, आपकी शादी हो गई?

PROSPECT :- हां/ना

YOU :- यदि हां, तो शादी में कितने लोग आए थे? कितने लोग आएंगे?

PROSPECT :- 500 से 1000 तक लोग आएंगे

YOU :- क्या ये 500 से 1000 लोग आपके पहचान वाले होंगे?

PROSPECT :- हां

YOU :- इसका मतलब तो आपकी पहचान बहुत सारी है। हमें इस बिजनेस में 500-1000 लोगों की कोई जरूरत नहीं है। इनमें से सिर्फ 4-5 लोग चाहिए।

◆ आप प्रोस्पेक्ट से यह भी कह सकते हैं, "सर, यह तो बहुत अच्छा मौका है! अपनी जान-पहचान बढ़ाने का! नए-नए दोस्त बनाने का! क्या आप ज्यादा लोगों से जान-पहचान बढ़ाना चाहेंगे?"

OBJECTION - 3

मुझे MLM / CHAIN सिस्टम पसंद नहीं है। (CHAIN बनाने का काम है क्या?)

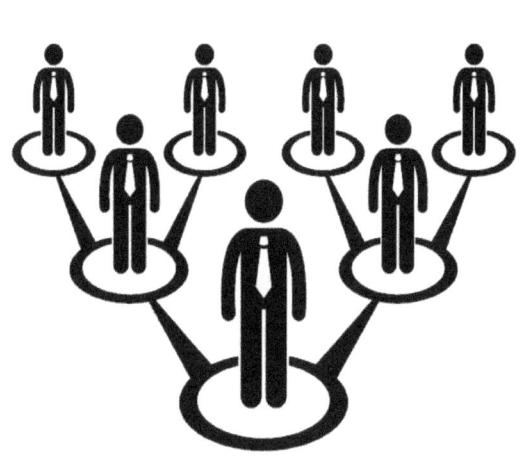

PROSPECT:- मुझे MLM / CHAIN सिस्टम पसंद नहीं है। (CHAIN बनाने का काम है क्या?)

YOU :- ये बताओ कि आपके दादा जी के कितने भाई थे?

PROSPECT :- 3

YOU :- उन सबके कितने बच्चे हैं?

PROSPECT :- इतने ही हैं।

YOU :- उन सबके कितने बच्चे हैं, यानि आपके COUSINS? (ये सब पेपर पर ड्रा करते जाओ)

YOU : आपके ऑफिस में सबसे बड़ी पोस्ट क्या है?

PROSPECT :- सी ई ओ

YOU :- उसको कौन रिपोर्ट करता है?

PROSPECT :- 4 MANAGERS

YOU :- और उन 4 को कौन रिपोर्ट करता है?

PROSPECT :- GMS

YOU :- फिर (आप इसी तरह जो पूछ रहे हैं उसे पेपर पर ड्रा करते जाइए) और कहिए ये चैन नहीं तो और क्या है, हम जाने अनजाने एक चैन का पार्ट हैं और आगे भी रहेंगे। हमारे पैदा होने से लेकर मरने तक हम किसी न किसी कड़ी (चैन) से जुड़े होते हैं। हर एक चीज एक दूसरे से जुड़ी हुई है तभी यह दुनिया चलती है, यहाँ भी ऐसा ही है, या तो हम किसी के नेटवर्क में नौकरी करके थोड़ा पैसा कमाते हैं या फिर ऐसा ही नेटवर्क बनाकर आप ज्यादा पैसे कमा सकते हैं। आज स्कूल, कॉलेज, इंस्टिट्यूट रेस्टोरेंट्स, हॉस्पिटल्स, मेडिकल स्टोर्स, टिकेट काउंटर्स आदि सब कुछ फ्रैंचाइज़ी मॉडल पर काम करके हमसे बड़ा पैसा कमा लेते हैं और हमें भी फ्रैंचाइज़ी सिस्टम से अपने परिवार के लिए बड़ा पैसा कमा लेना चाहिए। जैसे JIO की सिम तो सभी इस्तेमाल करते हैं लेकिन क्या कभी JIO- आपको सिम ले लो, 9/16 फ्री सिम ले लो, ऐसा कहने आपके पास आया था, उनके दुकानदार के जरिये आपको सिम कार्ड मिला था, आप मार्केट से प्रोडक्ट्स खरीदते हैं और एक चैन का ही हिस्सा बनते हैं। बस फर्क यह है कि वो

गरीबी की चैन है और हम जो कर रहे हैं वो आपको फायदा ही देगा इसलिए ये अमीरी की चैन है। आप किस चैन का हिस्सा बनना चाहेंगे?

OBJECTION - 4

मै अपनी जॉब मे संतुष्ट हूँ, जॉब ही मेरा पैशन है।

PROSPECT :- मै अपनी जॉब मे संतुष्ट हूँ, जॉब ही मेरा पैशन है।

पहला तरीका :-

YOU :- क्या जॉब मे किसी कारण से 20-30% की सैलरी कम हो जाय तब भी हमारा SATISFACTION और पैशन उतना ही रहेगा ? या सैलरी उतनी ही रहे और महंगाई 20-30 % बढ़ जाये तब भी SATISFACTION और पैशन उतना ही रहेगा ? हम बॉस मालिक के

प्रति वफादार (LOYAL) है, पर वो क्या हमारे लिए LOYAL है या नहीं, क्या ये ठीक है?

PROSPECT :- नही

YOU :- यानि हमारी जरूरते तो पैसे से जुड़ी हुई है पैसे से ही FINALLY पूरी होंगी, तभी SATISFACTION आ सकता है। आप सुबह ऑफिस में घुसे, लेकिन किसी काम से वापस आने की जरूरत है, आपने अपने सीनियर से पूछा लेकिन उसने मना कर दिया, क्या आप फिर वापस आ सकते हैं ?

PROSPECT :- नहीं

YOU :- मन मार कर बैठना पड़ेगा और 60-70 साल तक ऐसा ही चलता रहता है। आओ हम आपकी हेल्प करेंगे, आप एक से दो साल तक सीखकर काम करके पैसा कमाने की टेंशन से आजाद हो जायेंगे और समय की आजादी भी होगी। आओ शुरू करते है।

दूसरा तरीका :-

PROSPECT :- मै अपनी जॉब मे संतुष्ट हूँ,

YOU :- यह तो बहुत बढ़िया बात है सर, कि आप अपने अभी के काम से संतुष्ट हैं। वरना आज तो 90% लोग अपने काम से संतुष्ट नहीं हैं, और अपने खाली समय में अतिरिक्त आय के लिए कुछ करना चाहते हैं। क्या आपके सभी साथी, सभी दोस्त, परिचित भी अपने-अपने काम से खुश हैं?

PROSPECT :- नहीं हैं।

YOU :- यदि ऐसे लोगों के लिए हमें कुछ करने का मौका मिलता है, तो क्या इनके लिए कुछ करना चाहिए?

PROSPECT :- हाँ, जरूर! जरूर करना चाहिए।

YOU :- तो सर, आज हमारे पास अपने खाली समय का सदुपयोग करके, बिना किसी बड़े लागत के अतिरिक्त आय कमाने का सुनहरा मौका नेटवर्क मार्केटिंग ही है। इसमें जुड़कर आप अपने मित्र, साथियों, परिचितों को एक अतिरिक्त आय कमाने का मौका दे सकते हैं।

OBJECTION - 5

नेटवर्क मार्केटिंग इतना अच्छा काम है, तो सभी क्यों नही कर लेते?

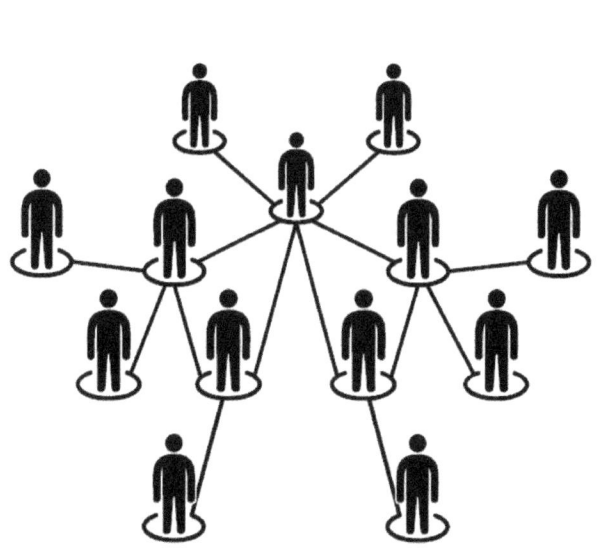

PROSPECT :-नेटवर्क मार्केटिंग इतना अच्छा काम है, तो सभी क्यों नही कर लेते?

YOU :- आप जिस ईश्वर, देवता, गुरु में विश्वास करते है क्या सभी लोग उनको मानेंगे ? या जो फ्रूट या कलर आपको पसंद है, तो क्या वो सब लोग पसंद करते है? आप मिठाई की दुकान पर फ्री में मिठाई बाटें तो क्या सब लोग आपसे मिठाई लेकर खायेंगे ?

PROSPECT :- नहीं

YOU :- लेकिन कुछ लोग जरुर आपके जैसे होंगे। लॉ ऑफ़ एवरेज के अनुसार ऐसा ही होता है। इसी तरह कुछ DREAMERS आपको मिल जायेंगे जो आपके साथ मे बिज़नेस करेंगे। जैसे ताश की गड्डी मे कुछ इक्के, दहले, बादशाह होते है, ऐसे ही समाज में कुछ SHARP, AMBITIOUS, DREAMERS होते है, उन तक पहुंचने के बाद आप सफल हो जाते हैं। वहीं कुछ जोकर भी होते हैं, जिनके लाइफ का कोई लक्ष्य नहीं होता और वो आप पर भी अपना असर डाल सकते हैं, उनसे दूर रहकर ही आप कुछ बड़ा काम कर सकते है। इसमे हम आपकी हेल्प करेंगे आओ शुरू करते है।

OBJECTION - 6

मै लोगो को कन्विंस नहीं कर सकता।

PROSPECT :- लोगो को कन्विंस नहीं कर सकता।

YOU :- आप बताओ की अगर आप कन्विंस न होना चाहे, तो क्या मैं आपको कन्विंस कर सकता हूँ।

PROSPECT :- नहीं

YOU :- हम ऐसे ही लोगों को कन्विंस नहीं करते बस राईट इनफार्मेशन और फैक्ट्स बताते है जिसको अच्छा लगता है वह बिजनेस स्टार्ट करता है। हम आपके साथ काम करेंगे और आपके लोगों को हम समझाएंगे।

OBJECTION - 7

मेरे अंकल, पड़ोसी फ्रेंड ने भी किया था लेकिन चला नहीं, छोड़ दिया।

PROSPECT :- मेरे अंकल, पड़ोसी फ्रेंड ने भी किया था लेकिन चला नहीं, छोड़ दिया।

पहला तरीका :-

YOU :- आपके पास कौन सा वाहन है ?

PROSPECT :- कार / बाइक / साइकिल है।

YOU :- अपने आप चलता है कि चलाना पड़ता है ?

PROSPECT :- नहीं, चलाना पड़ता है।

YOU :- ऐसे ही जॉब अपने आप चलती है की काम करके चलाना पड़ता है। अपने आप कुछ नही चलता है चलाना पड़ता है। एक ही क्लास में 2 स्टूडेंट्स है एक मेरिट मे आता है और दूसरा फैल हो जाता है और जो फैल हो गया वो कहता है टीचर को पढ़ाना नहीं आता है सवाल OUT OF SYLLABUS आये थे एग्जामिनर ने एक्स्ट्रा शीट नही दी और भी बहुत कुछ और मेरिट वाला कहता है। है स्कूल बहुत अच्छा हैं टीचर बेस्ट है, सारे QUESTION SYLLABUS से आये थे, एग्जामिनर भी अच्छा था। तो जो स्टूडेंट फैल हो गया था गलती उसकी थी, न की टीचर या स्कूल की। एडमिशन लेने से पास होने की गारंटी नही मिलती वैसे ही हमारी कंपनी मे ज्वाइन करते ही सक्सेस की गारंटी नही मिलती हैं, पर यदि आप एक अच्छे स्टूडेंट की तरह सीनियर्स की गाइडेंस मे सीखकर सिस्टम फॉलो करेंगे, तो आपको सक्सेस मिलेगी। लोगो की शादी होती है एक दुसरे के साथ एडजस्ट नही हो पाते और एक दुसरे को छोड़ देते है तो क्या बाकि लोगो ने शादी करना छोड़ दिया और अगर बहुत से स्टूडेंट्स पढाई छोड़ देते है तो क्या बाकि स्टूडेंट्स ने एडमिशन लेना छोड़ दिया। लोग दुनिया छोड़ जाते है तो क्या बाकि लोग बच्चे पैदा करना छोड़ दे। ऐसे ही कुछ लोग अगर कंपनी छोड़ जाते है तो क्या फर्क पड़ता है।

दूसरा तरीका :-

PROSPECT :- मेरे अंकल, पड़ोसी, फ्रेंड ने भी किया था लेकिन चला नहीं, छोड़ दिया।

YOU :- अगर हम खेती करना चाहते हैं, और खेती करने से पहले यदि हम ऐसे किसी किसान को देखते हैं, जिसे पिछले कई सालों से खेती में नुकसान हो रहा है, जिसके घर के कर्जदार रोज चक्कर लगाते हैं, तो इस तरह का किसान कभी भी हमें खेती करने के लिए प्रेरणा देगा क्या?

PROSPECT :- नहीं।

YOU :- वह हर बार हमें खेती ना करने के दस बहाने बताएगा।

इसके विपरीत यदि हम किसी सफल किसान के पास जाएंगे तो वह हमें खेती करने के लिए प्रेरणा भी देगा और अच्छे-अच्छे रास्ते भी बताएगा जिन रास्तों पर चलकर, वह एक सफल किसान बन सका।

इसी तरह नेटवर्क मार्केटिंग के क्षेत्र में भी कुछ लोग सफल होते हैं और कुछ असफल होते हैं। अब आपको चुनना है, आप सफल लोगों का साथ चुनेंगे या असफल लोगों का? सफल लोग आपको रास्तों को पार करने के बारे में बताएंगे और असफल लोग बाधाओं के बारे में बताएंगे।

◆ यहाँ हम सामने वाले व्यक्ति को अपनी कंपनी में सफल लीडर्स की तस्वीरें, उनके चेक, और उनकी सफलता की कहानी भी दिखा सकते हैं। जिसे सुनकर और देखकर सामने वाला यह महसूस करेगा कि वाकई अगर ये लोग नेटवर्क मार्केटिंग के माध्यम से इस ऊँचाई तक पहुँच सकते हैं, तो मैं भी पहुँच सकता हूँ। यदि सामने वाले व्यक्ति के व्यवसाय से, समाज से जुड़े हुए लीडर्स की तस्वीर दिखाई जाए तो वह और भी ज्यादा प्रभावित होगा।

OBJECTION - 8

मैं लोगों से बात नहीं कर सकता और मेम्बर नही बना सकता।

PROSPECT :- मैं लोगो से बात नहीं कर सकता और मेम्बर नही बना सकता।

YOU :- अभी आप किससे बात कर रहे हो मैं कोई भूत तो नही हूँ सर इन्सान हूँ। आप ऑफिस मे कलिग से बात करते हो?

PROSPECT :- हाँ

YOU :- आप घर मे फैमिली से बात करते हो ?

PROSPECT :- हाँ

YOU :- मार्केट में दुकानदार से, किसी अंजान से कोई रास्ता पूछते हो ?

PROSPECT :- हाँ

YOU :- ये सब कौन है लोग ही तो है। बस इसी तरह फ्रेंड्स और लोगो से इस बिज़नेस की बात करनी है और वो भी हम ही करेंगे, जब तक की आप सीख नही लेते, हम हैं ना आपकी सपोर्ट के लिए, चलो स्टार्ट करते है।

OBJECTION - 9

मैं Selling नही कर सकता (या) प्रोडक्ट बेचने पडते है मैं नही कर सकता ये।

PROSPECT :- मैं Selling नही कर सकता (या) प्रोडक्ट बेचने पडते है मैं नही कर सकता ये।

YOU :- सर, आपके पास बाइक है?

PROSPECT :- हाँ, है।

YOU :- कौन सी कंपनी की है?

PROSPECT :- बजाज की।

YOU :- अगर मुझे भी बाइक लेनी हो और मैं आपसे पूछता हूँ कि कौन सी कंपनी की बाइक लेना ठीक रहेगा, तो आप क्या कहेंगे?

PROSPECT :- बजाज की।

YOU :- क्यों, बजाज ही क्यों?

PROSPECT :- क्योंकि बजाज की गाड़ियों का माइलेज और मेंटेनेंस अच्छा होता है। मैं पिछले डेढ़-दो साल से बजाज की बाइक चला रहा हूँ। मुझे कोई तकलीफ नहीं हुई इसलिए!

YOU :- मान लेते हैं, अगर आपके बताने से मैंने बजाज की बाइक खरीद ली। इसका मतलब तो आप बजाज कंपनी के सेल्समैन हो गए, ना?

PROSPECT :- नहीं! नहीं! मैं सेल्समैन कैसे हुआ? मैंने तो मेरा अनुभव आपको बताया। इसमें मैं सेल्समैन कैसे हुआ?

YOU :- इसी को तो नेटवर्क मार्केटिंग कहते हैं, सर! और यदि प्रोडक्ट अच्छे हैं, तो हम अपने करीबी लोगों को बताते हैं। और हमारे बताने से यदि हमारे करीबी लोग प्रोडक्ट्स खरीदते हैं, तो अभी तक हमें कुछ नहीं मिला, लेकिन यही काम करने से नेटवर्क मार्केटिंग व्यवसाय में पैसा मिलता है। तो फिर यहाँ सेल्समैनशिप कहाँ से आ गई?

सही कहूँ तो नेटवर्क मार्केटिंग बेचने का या सेल्समैनशिप करने का बिजनेस नहीं है। यह तो अपने अनुभवों को दूसरों के साथ बांटने का बिजनेस है।

OBJECTION - 10

प्रोडक्ट महंगे हैं।

PROSPECT :- प्रोडक्ट महंगे हैं।

YOU :- मुझे एक बात बताओ आपके ऑफिस के नौकर के लिए साइकिल महंगी है या सस्ती ?

PROSPECT :- महंगी

YOU :- चलो इसे पेपर में लिखें। साइकिल महंगी है, आपके ऑफिस के क्लर्क के लिए, क्या बाइक महंगी है या सस्ती ?

PROSPECT :- महंगी

YOU :- क्लर्क के लिए साइकिल सस्ती है लेकिन बाइक महंगी। वहीं क्या आपके ऑफिस के ऑफिसर के लिए साइकिल और बाइक महंगी है या सस्ती ?

PROSPECT :- ऑफिसर के लिए साइकिल और बाइक दोनों सस्ती है।

YOU :- क्या उसी ऑफिसर के लिए कार महंगी है?

PROSPECT :- हां, महंगी है।

YOU :- क्या उसी कंपनी के मैनेजर के लिए कार सस्ती है या नही ?

PROSPECT :- हां, मैनेजर के लिए साइकिल, बाइक और कार तीनों सस्ती है।

YOU :- क्या उसी मैनेजर के लिए BMW कार महंगी है ?

PROSPECT :- हां, वो महंगी है

YOU :- चलिए इसे भी लिखें, कंपनी के मालिक के लिए BMW कार सस्ती है। यानि किसी के लिए साइकिल महंगी है तो किसी के लिए BMW कार भी सस्ती है। इसका मतलब कोई भी चीज सस्ती या महंगी नही होती, हमारे पास कम पैसे होते हैं तो चीज महंगी लगती है। चलिए हम अपनी इनकम बढ़ा लेते हैं। चीजें अपने आप सस्ती लगने लगेगी।

OBJECTION - 11

मेरे पास टाइम नहीं है |

PROSPECT : मेरे पास टाइम नहीं है |

YOU :- क्या 5 साल पहले टाइम था ?

PROSPECT :- नहीं

YOU :- क्या 5 साल बाद टाइम होगा ?

PROSPECT :- नहीं

YOU :- जैसा चल रहा है उसमे न टाइम था न होगा। कैसा रहेगा जब हमारे पास फैमिली के लिए टाइम ही टाइम हो ?

PROSPECT :- अच्छा होगा

YOU :- टाइम चाहते तो थे, लेकिन कुछ ऐसा ही था कि जाना चाहते है मुंबई लेकिन कोलकाता की ट्रेन में बैठे है। क्या कभी आप मुंबई पहुंचेंगे. अगर पैर में काँटा लगा हो तो क्या करोगे।

PROSPECT :- सुई या आलपिन से निकालना पड़ेगा।

YOU :- ग्रेट, लेकिन जब पिन या सुई लगाओगे तो थोड़ी देर के लिए दर्द बढ़ जायेगा। लेकिन काँटा निकाल देने के बाद सारी जिन्दगी के लिए दर्द दूर हो जायेगा। थोडा टाइम लगाकर और टाइम का काँटा निकाल कर, फेंक दो बाद में सारी जिन्दगी टाइम ही टाइम होगा। बडे बिजनेसमैन और बड़े अधिकारी इस बिजनेस में इसी सिद्धांत पर सफल हुए है। और आज टाइम फ्रीडम एन्जॉय कर रहे है, हम आपकी हेल्प करेंगे। आपके टीम में सैकड़ो लोग होंगे और आपके पास भी टाइम ही टाइम होगा । मैं आपके साथ हूं, चलिए शुरु करते है।

OBJECTION - 12

अगर लोग नही जुड़े तो?

PROSPECT :- अगर लोग नही जुड़े तो?

YOU :- इस दुनिया में क्या सिर्फ आपके पास ही Ambition है, क्या सिर्फ आपको ही Traveling पसंद है? क्या बस आप ही पैसा कमाना चाहते हैं?

PROSPECT :- नही, पैसा तो सभी कमाना चाहते हैं, ट्रेवलिंग तो सभी को पसंद होती है।

YOU :- That's it ! तो फिर आप घबराते क्यों हैं? आपको ऐसा क्यों लगता है कि लोग नही जुड़ेंगे। अगर आपको यह बिजनेस अच्छा लगा तो दूसरों को भी अच्छा लगेगा।

नेटवर्क मार्केटिंग बिजनेस में आकर लोग अपने सपनो को पूरा करते हैं, उन्हे समय की आजादी मिलती है, देश विदेश घूमने का मौका मिलता है। तो अगर आपको यह बिजनेस पसंद आया तो जाहिर सी बात है, दूसरों को भी पसंद आएगा। क्योंकि हर कोई अपने सपनों को पूरा करना चाहता है, हर किसी को अपने लाइफ में फ्रीडम चाहिए, हर कोई देश विदेश घूमना चाहता है।

आपको घबराने की जरूरत नही है हम इसमें आपकी मदद करेंगे सफल होने में, हम इसमें आपको एजुकेट करेंगे कि कैसे लोगों को इस बिजनेस के लिए इन्वाइट किया जाता है, कैसे उन्हे इस बिजनेस के बारे में बताया जाता है, आपको बस लोगों से मिलना है।

आप खुद सोचिए आप कम से कम नही तो 200-300 लोगों को तो जरूर जानते होंगे, क्या उनमें से 20-30 लोग भी नही जुड़ेंगे? अगर आपको यह बिजनेस अच्छा लगा है तो उन्हे भी अच्छा लगेगा।

OBJECTION - 13

Pyramid Scheme है क्या?

प्रॉस्पेक्ट को सही जानकारी दें कि नेटवर्क मार्केटिंग और पिरामिड स्कीम में क्या अंतर होता है।

PROSPECT :- पिरामिड स्कीम है क्या?

YOU :- सर, पिरामिड स्कीम उसे कहते है जिसमें कोई प्रोडक्ट नही होता और सिर्फ पैसों का लेनदेन होता है। जैसे आपने किसी कंपनी में ज्वाइन किया वहां आपने दस हजार रुपए लगाए, लेकिन आपको कोई प्रोडक्ट नही मिला, अब आपको कहा जाएगा कि अन्य दो लोगों से दस हजार लगवाओ, फिर उन दो से कहा जाएगा अन्य दो लोगों से दस हजार लगवाओ। इस तरह से यह एक Money Rotation होता है और इसमें

किसी भी प्रोडक्ट की बिक्री नही होती इसी को पिरामिड स्कीम कहते हैं। इसमें लोगों का पैसा लोगों में ही बांट दिया जाता है।

लेकिन नेटवर्क मार्केटिंग में ट्रेडिशनल बिजनेस की तरह प्रोडक्ट सेल होता है।

यहां से वह नेटवर्क मार्केटिंग और पिरामिड स्कीम के बारे में समझ जाएगा।

अगर फिर भी ना समझें तो उसे आप बता सकते हैं कि आप जहां जॉब करते हैं - सबसे ऊपर कौन होता है? owner ceo/md manager staff supervisor - operator - helper

इसे आप कॉपी में लिखेंगे तो यह भी एक पिरामिड की तरह बनेगा। सिर्फ यही नहीं दुनिया में जितनी भी संस्थाएँ है अगर उन्हें आप ऊपर से नीचे तक देखेंगे तो सब एक पिरामिड की तरह बनती हैं। यानी दुनिया में जो भी चीज होती है एक पिरामिड के प्रोसेस में ही चल रही है। इतना समझाने के बाद प्रोस्पेक्ट को पूरी तरह से समझ में आ जाएगा की पिरामिड कैसे हर क्षेत्र में काम करता है। चाहे वो कोई संस्था हो, पॉलिटिकल पार्टी, स्कूल, कॉलेज यहां तक की एक परिवार को भी ऊपर से नीचे तक देखेंगे तो एक पिरामिड स्ट्रक्चर की तरह दिखाई देगा।

OBJECTION - 14

अगर कंपनी भाग गई तो?

पहला तरीका :-

PROSPECT :- अगर कंपनी भाग गई तो?

YOU :- ऐसा कौन सी कंपनी है जो नही भागती? क्या ऑटोमोबाइल कंपनी नहीं भागती, लेकिन फिर भी लोग गाड़ी खरीदते हैं ऑटोमोबाइल कंपनी में जॉब करते हैं।

क्या आई टी कंपनी नही भागती? लेकिन फिर भी लोग आई टी कंपनी में जॉब कर रहे हैं, आई टी की पढ़ाई कर रहे हैं।

बहुत सारी बैंक बंद हो जातीहैं , तो क्या लोग उसमे पैसा नही रखते, फिर भी लोग बैंको में जॉब करने के लिए पढ़ाई करते हैं। आपको पता होगा

अभी हाल ही में कई बैंको को मर्ज किया गया है और कुछ बैंक तो बंद भी हो गई। लेकिन फिर भी लोग बैंको में जाते हैं पैसे रखने के लिए।

अभी हाल ही कई एयरलाइंस कंपनिया बंद हुई हैं, तो क्या लोग फ्लाइट में जाना छोड़ दिए, फिर भी लोग एयरलाइन में job कर रहें हैं।

दरअसल सच तो ये है ऐसे कोई इंडस्ट्री नही जहां कंपनिया बंद ना होती हो, लेकिन हम सिर्फ कुछ कंपनियों के वजह से पूरी इंडस्ट्री को गलत नही ठहरा सकते।

ठीक इसी प्रकार नेटवर्क मार्केटिंग में भी कई कंपनिया ऐसे हैं जो लोगों के साथ धोखा करती हैं और भाग जाती है और ये कंपनिया दरअसल पिरामिड स्कीम वाली होती हैं।

पिरामिड स्कीम और एक लीगल नेटवर्क मार्केटिंग कंपनी में बहुत फर्क होता है। और जो कंपनिया लीगल होती है वो सरकार के गाइडलाइन पे चलती है और उसके नियम कानून को फॉलो करती हैं ।

अभी हाल ही में भारत सरकार ने दिसंबर 2021 में सभी नेटवर्क मार्केटिंग या डायरेक्ट सेलिंग कंपनियों के लिए गाइडलाइन जारी किया हैं।

अगर नेटवर्क मार्केटिंग कंपनिया फ्रॉड होती तो सरकार इनके लिए गाइडलाइन क्यों बनाती? हां, लेकिन जो कंपनिया सरकार की गाइडलाइन को फॉलो नही कर रही हैं, उन्हे आप फ्रॉड कह सकते हैं क्योंकि उनका कोई भरोसा नहीं है वे कंपनिया कब भाग जाएंगी। नेटवर्क मार्केटिंग एक ऐसा इंडस्ट्री है जिसने भारत ही नहीं पूरी दुनिया

में सबसे ज्यादा करोड़पति दिए है। आप अपने प्रोस्पेक्ट को समझा सकते हैं की नेटवर्क मार्केटिंग इंडस्ट्री में वही कंपनियां भागती हैं जो लॉस में जा

रही होती हैं अगर किसी कंपनी को प्रॉफिट होगा तो वह क्यों भागेंगे। और हमारी कंपनी लगातार ग्रोथ कर रही है।

प्रोस्पेक्ट को आप अपने कंपनी का सभी लीगल डॉक्यूमेंट्स, कंपनी का अचीवमेंट तथा टर्नओवर के बारे में बता सकते हैं।

तो इस तरह से आप अपने प्रोस्पेक्ट को एजुकेट कर सकते हैं और समझा सकते हैं।

दूसरा तरीका :-

PROSPECT :- अगर कंपनी भाग गई तो?

YOU :- मान लीजिए सर, आपके घर के पास एक किराने की दुकान है। और वह दुकान बहुत ही जोरों-शोरों से चल रही है। इतना कि दुकान खुलने के पहले ही ग्राहकों की भीड़ लग जाती है। जिससे दुकान का मालिक दिन का दस हजार रुपये कमा रहा है। तो क्या अगले दिन वह दुकान बंद करके भाग जाएगा?

PROSPECT :- नहीं।

YOU :- तो फिर कंपनी क्यों भागेगी?

फिर इसके बाद सवाल करें:

YOU :- मान लीजिए सर, आज आपने मार्केट की एक दुकान से TV खरीदा और कल किसी कारण उस दुकान में आग लग गई या कल उस दुकान का मालिक दुकान बंद करके कहीं चला गया तो आपका कुछ नुकसान होगा?

PROSPECT :- नहीं।

YOU :- क्योंकि आपने पैसा दिया और उसने आपको TV दिया। बस यहाँ भी ऐसा ही होगा। आप जो पैसा देंगे उसके बदले में आपको उतनी ही वैल्यू का प्रोडक्ट मिलेगा और साथ में बिजनेस करने का अवसर फ्री में मिलेगा। फिर इसके बाद क्या नुकसान?

OBJECTION - 15

पहले कुछ दोस्त तैयार हो जाएं

PROSPECT :- पहले कुछ दोस्त तैयार हो जाएं।

YOU :- कैसा रहेगा अगर एक मेडिकल स्टूडेंट ये बोले कि पहले पेशेंट तैयार हो जाए फिर मैं डॉक्टर बनूंगा, या एक लॉ का स्टुडेंट बोले की पहले मेरे पास कोई केस आ जाए फिर मैं वकील बनूंगा। बिलकुल उल्टा हो जाएगा ना।

PROSPECT :- हाँ

YOU :- ठीक इसी तरह अभी आप ना तो इस बिजनेस के बारे में पूरी तरह जानते हैं और ना ही इस बिजनेस के बारे में बताना सीखें हैं। तो जब आप अपने दोस्तों को तैयार करने जाएंगे और वे आपसे पूछते हैं कि क्या बिजनेस है, तो आप कैसे समझा पाएंगे? क्योंकि अभी तो आपने सिर्फ इस बिजनेस का प्लान देखा है इसके बारे में अभी सीखे नहीं हैं। इसको आप इस तरह समझ सकते हैं कि आपने कोई मूवी का नाम सुना है कि ये अच्छा फिल्म है लेकिन आपने उसे देखा नहीं है और यदि आप उस मूवी के बारे में किसी को बताएंगे तो इतना ही बता पाएंगे कि ये अच्छी है लेकिन क्यों अच्छी है ये तो आपको पता ही नही है, क्योंकि आपने तो वह मूवी देखी ही नही।

इसी तरह नेटवर्क मार्केटिंग में भी पहले आपको ज्वाइन करना होगा, जब आप इसके बारे में अच्छे से सीख जाएंगे, फिर अपने दोस्तों को बताइए ताकि वे और अच्छे से पूरी बात समझ सकें।

आप अपने प्रोस्पेक्ट को समझा सकते हैं कि, कई बार क्या होता है कि कई लोग इस बिजनेस के बारे में सही से सीखते नहीं हैं और लोगों को बताना शुरू कर देते हैं और जब वे उनसे कुछ पूछ लेते हैं तो उनके पास जवाब ही नहीं होता है, जिसके वजह से लोग इस बिजनेस को सही से समझ नही पाते और इस बिजनेस में नही आते।

इसलिए मैं चाहता हूं की पहले आप इस बिजनेस को ज्वाइन कीजिए और इसके बारे में पहले सीखिए, इस बिजनेस को सीखने में मैं आपकी मदद करूंगा और साथ ही बताऊंगा कि कब, किसको, कैसे इस बिजनेस की प्लान दिखाना है। आपको बस मेरे साथ चलना है। फिर देखिए कैसे हम इस बिजनेस में आगे बढ़ते हैं।

OBJECTION - 16
तुमने कितने पैसे कमा लिए?

PROSPECT :- तुमने कितने पैसे कमा लिए?

YOU :- अच्छा एक बात बताओ मान लो की तुमने इस बिजनेस को अभी अभी ज्वाइन किया है और तुमको एक महीना भी नही हुआ है, और तुम किसी को बिजनेस प्लान दिखाते हो और अगर वह आपसे पूंछ ले कि "तुमने कितने कमा लिए" तब आप क्या बोलेंगे?

PROSPECT :- मैं उसे बता दूंगा कि मैने अभी अभी ज्वाइन किया है मुझे कैसे इनकम आ सकती है।

YOU :- यही तो मैं आपको समझाना चाहता था कि मैने भी तो इस बिजनेस को अभी अभी ही ज्वाइन किया है, लेकिन हां मैं आपको कुछ

ऐसे लोगों से मिलवा सकता हूं जो पहले से इस बिजनेस में हैं, जिनको दो चार महीने होचुके हैं , जिनको पैसा मिल रहा है, आप उनका चेक देख सकते हैं।

प्रोस्पेक्ट को आप अपने अपलाइन या उनके अपलाइन की इनकम दिखा सकते हैं जिनको पैसा आ रहा हो। इस तरह से आप प्रोस्पेक्ट को समझा सकते हैं।

OBJECTION - 17

ये लोगों को जोडने वाला काम मुझे पसंद नही !

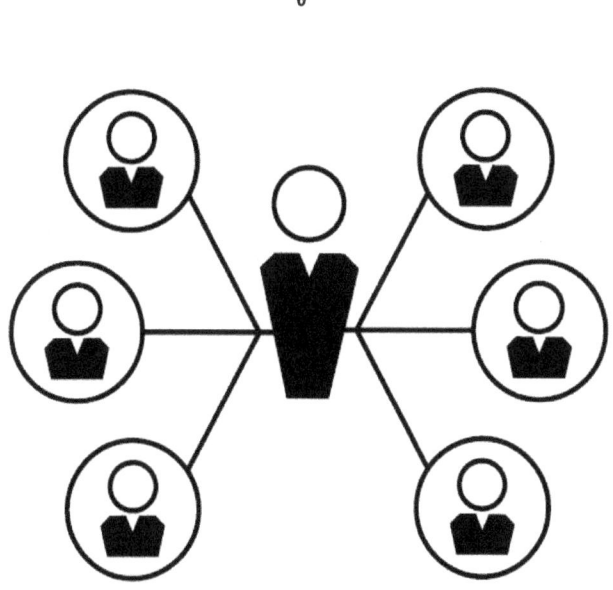

PROSPECT :- ये लोगों को जोडने वाला काम मुझे पसंद नही !

YOU :- जब कोई काम नया होता है तो एक इंसान अकेला होता है, सोचों ,जब एक जिम खुलता है तो उसमें पहले कोई नही होता लेकिन जैसे जैसे उसके बारे में लोगों को पता चलता है, जैसे जैसे उसकी मार्केटिंग होती है वैसे ही लोग जुड़ने लगते हैं और जिम में लोगों की संख्या बढ़ने लगती है। जब एक ट्रेन का इंजन अकेला होता है तो उसकी कोई वजूद नहीं होता

लेकिन जब उसमे डिब्बे जोड़ा जाता है तब एक ट्रेन बनतीहै जिसमे हजारों लोग एक साथ ट्रैवल कर सकते हैं। यानी जोड़ने से आपके प्रोस्पेक्ट का ट्रैवल आसान हो जाता है और वह कहता है – 'मुझे जोड़ना पसंद नही है'।

आप सोचों जब महात्मा गांधी जी स्वतंत्रता आंदोलन के लिए निकले होंगे तो पहले घर से तो अकेले ही निकले, लेकिन उनके अच्छे काम की वजह से लोग उनके साथ जुड़ते चले गए और हमारे देश को आजादी मिली। यानी जब लोगों के जुड़ने से देश की भलाई हो सकती है तो जोड़ने में गलत क्या है।

जोड़ने से हमारा काम आसान हो जाता है, यदि हम एक घर भी बनाते हैं तो उसमे एक -एक ईट जुड़ती है, तब दीवार तैयार होती है और घर बनता है। यहां तक की जब इंसान एक दूसरे से जुड़ता है तक एक फैमिली आगे बढ़ती है, जैसे दादा-दादी, माता-पिता और जब आप शादी करेंगे यानी किसी से जुड़ेंगे तब आपकी जनरेशन आगे बढ़ेगी । अगर जोड़ना गलत होता तो जब किसी मरीज का पैर टूट जाता है तब एक डॉक्टर को भी नही जोड़ना चाहिए। क्योंकि जोड़ना तो गलत है।

आप प्रोस्पेक्ट को समझा सकते हैं की एक इंसान जब अकेले काम करता है तो वह सिर्फ उतना ही कमाता है जितना वह काम करता है लेकिन जब वह लोगों को जोड़ता है तो उससे ,उसकी कमाई और ज्यादा बढ़ जाती है।

न जाने कितने सारी कंपनियां हैं जो लोगों को जॉब देकर यानी उन्हे अपने साथ जोड़ कर कहां से कहां पहुंच गई। अगर वह अकेले काम कर रहे होते तो आज भी सीमित मात्रा में कमा रहे होते।

इस बात में कोई संदेह नहीं की यदि जीवन में तरक्की करना है तो जोड़ना बहुत जरूरी है।

जब आप इतने सारे उदाहरण देकर प्रोस्पेक्ट को समझाएंगे तब उसे यह एहसाह हो जाएगा की जोड़ना क्यों जरूरी है, और जोड़ने का काम कोई गलत नहीं होता।

OBJECTION - 18

पहले भी मैंने इस तरह की कंपनी के साथ काम किया था, लेकिन मुझे कोई कमाई नहीं हुई।

PROSPECT:- "पहले भी मैंने इस तरह की कंपनी के साथ काम किया था, लेकिन मुझे कोई कमाई नहीं हुई।"

(प्रोस्पेक्ट से जानकारी लेने के बाद "उसने कब, कहाँ, कैसे काम किया था")

YOU:- "सर, आपकी ही तरह हमारे साथ मिस्टर गुप्ता जी नाम के एक व्यक्ति हैं, जो पहले नेटवर्क मार्केटिंग इंडस्ट्री में किसी XYZ कंपनी में जुड़े

थे। वहाँ उनका नुकसान हो गया। मगर आज फिर से गुप्ता जी हमारे साथ काम कर रहे हैं। कुछ ही महीनों में उनका जो नुकसान हुआ था, वह पूरा हो गया और आज वे फायदा ही फायदा कमा रहे हैं। क्या सर, आप भी अपना नुकसान पूरा करना चाहते हैं? आपने जो समय और पैसा लगाकर नेटवर्क मार्केटिंग का ज्ञान लिया है, क्या उस ज्ञान का सही उपयोग करना चाहते हैं?"

OBJECTION - 19

> "नेटवर्क मार्केटिंग के कारण मेरी पढ़ाई में डिस्टर्ब होगा।
> (अभी मेरी पढ़ाई चल रही है।)"

PROSPECT:- "नेटवर्क मार्केटिंग के कारण मेरी पढ़ाई में डिस्टर्ब होगा। (अभी मेरी पढ़ाई चल रही है।)"

YOU :- "आप जो खाली समय गपशप लड़ाने में या TV देखने में, मोबाइल चलाने में गँवाते हैं, उसी खाली समय में आप यह बिजनेस कर सकते हैं। जिससे पढ़ाई में भी कोई डिस्टर्बेंस नहीं आएगा और आपका

Learning + Earning एक साथ हो जाएगा, जिससे आपको छोटी-छोटी चीजों के लिए पापा से पैसा माँगने की जरूरत नहीं पड़ेगी, वह भी बिना किसी काम के बर्डन के! क्योंकि नेटवर्क मार्केटिंग में आपका कोई बॉस नहीं होता और ना ही आपके काम का कोई समय निर्धारित होता है। आप अपनी मर्जी से, अपनी सुविधा से यह बिजनेस कर सकते हैं और हम हैं ना आपकी सपोर्ट के लिए। चलिए, स्टार्ट करते हैं।"

OBJECTION - 20

मेरे पास पैसा नहीं है...

इन तीन तरीकों से आप किसी को भी ज्वाइन करा सकते हैं।

पहला तरीका :-

PROSPECT :- मेरे पास पैसा नहीं है...

YOU :- आप अभी कौनसा काम कर रहे हैं?

PROSPECT :- मैं XYZ कंपनी में काम कर रहा हूँ।

YOU :- आप वहाँ कितने सालों से काम कर रहे हैं?

PROSPECT :- पिछले 5 साल से।

YOU :- मुझे बताइए सर, क्या पाँच साल पहले आपके पास पर्याप्त पैसा था?

PROSPECT :- नहीं था।

YOU :- क्या इस बढ़ती हुई महँगाई के दौर में आज से पाँच साल बाद आपके पास पर्याप्त पैसा रहेगा?

PROSPECT :- नहीं! या शायद इस काम से तो नहीं रहेगा!

YOU :- जरा सोचिए सर, पिछले पाँच साल से हम जो काम कर रहे हैं, वह काम करते हुए हमें आज भी पैसों की समस्या है। पाँच साल बाद भी शायद ऐसी ही पैसों की समस्या रहेगी, तो क्या हम सही जगह काम कर रहे हैं?

लेकिन मैं आपको यकीन दिलाता हूँ कि आज यदि इस पैसों की समस्या में आप थोड़ा और समस्या उठाके पैसा लाते हैं और हमारे साथ हमारे नेटवर्क में जुड़कर मेहनत करते हैं तो आने वाले दो साल बाद आपकी जीवन भर की पैसों की समस्या खत्म हो जाएगी और आपके बाद आने वाली पीढ़ी को भी एक आर्थिक आजादी प्राप्त होगी।

दूसरा तरीका :-

PROSPECT :- मेरे पास पैसे नहीं हैं...

YOU :- ज्यादा पैसा किसमें है, Job में या Business में?

PROSPECT :- Business में।

YOU :- मान लो अभी आप बहुत कम पैसों से शुरू होने वाले इस बिजनेस को स्टार्ट नहीं करते हो और बाद में भविष्य में कभी कोई बिजनेस स्टार्ट करना होगा तो क्या उसमें लाखों रुपए नहीं लगाना पड़ेगा?

PROSPECT :- हाँ, लगाना तो पड़ेगा।

YOU :- फिर यदि तब भी आपके पास लाखों रुपए नहीं होंगे, उस बिजनेस को स्टार्ट करने के लिए, तब तो आपको अपने ड्रीम्स को वहीं छोड़ना होगा। इससे अच्छा है कि आज ही इस बिजनेस को स्टार्ट कर दो क्योंकि इसको बहुत ही कम पैसों से शुरू किया जा सकता है।

तीसरा तरीका :-

PROSPECT :- मेरे पास पैसे नहीं हैं...

YOU :- आप सपने देखते हो या आपका कोई सपना है?

PROSPECT :- हाँ, सपना तो है।

YOU :- अगर वह आपका सपना पूरा ना हो तो आपको कैसा लगेगा?

PROSPECT :- बुरा लगेगा।

YOU :- अगर मैंने जो अभी आपको प्लान दिखाया है, अगर इस नेटवर्क मार्केटिंग बिजनेस से आपका सपना पूरा हो सकता है और आपके पास इसके अलावा कोई दूसरा विकल्प नहीं है तो आप इस बिजनेस को स्टार्ट करो क्योंकि यदि आपके पास कोई और विकल्प नहीं है और आपने कहा कि यदि आपके सपने पूरे नहीं हुए तो आपको बुरा लगेगा, इससे अच्छा है कि आज से ही आप इस बिजनेस को बहुत कम अमाउंट से स्टार्ट कर सकते हो।

यहाँ पर आप उसे इस बिजनेस को स्टार्ट करने के तरीके के बारे में बता सकते हो। उसे इस बिजनेस को स्टार्ट करने के कई तरीके बता सकते हो जिससे वह न्यूनतम राशि से भी इस बिजनेस को स्टार्ट कर सके।

OBJECTION - 21

मै मीटिंग में नहीं जा सकता

PROSPECT :- मै मीटिंग में नहीं जा सकता

YOU :- क्या आपके ऑफिस मे मीटिंग होती है? आपको बहुत मजा आता है? क्या उसमें एंटरटेनमेंट होता है?

PROSPECT :- नहीं

YOU :- पर अटेंड करते हो न, और सारी जिंदगी अटेंड करनी पड़ेगी। यहाँ पर एक साल तक महीने की एक- दो मीटिंग अटेंड कर लो और साल

के बाद 1-2 लाख की इनकम हर महीने आने लगेगी। क्या इस पैसे के लिए मीटिंग में नहीं आ सकते?

PROSPECT :- मैंने पहले भी मीटिंग अटेंड करी है, मैं जानता हूँ आपकी कंपनी के बारे मे।

YOU :- क्या मैं आपसे एक सवाल पूछ सकता हूँ ?

PROSPECT :- हाँ।

YOU :- क्या आप शाहरुख़ खान को जानते है ?

PROSPECT :- हाँ।

YOU :- उसकी कमर का साइज़ क्या है? उसका पसंदीदा रंग कौन सा है?

PROSPECT :- पता नहीं

YOU :- आप मनमोहन सिंह को जानते है ?

PROSPECT :- हाँ

YOU :- आप जानते हो मनमोहन सिंह की पसंदीदा डिश क्या है ?

PROSPECT :- पता नही

YOU :- ठीक ऐसे ही बहुत से लोग कंपनी को तो जानते है लेकिन सिर्फ उपर से थोडा जानते है, उसकी पूरी डिटेल नहीं पता होती है और सिर्फ मीटिंग करने से पैसा नहीं आता, पैसा कमाने के लिए एक गाइड के अनुसार बिज़नेस करना पड़ेगा। हमारी टीम लगातार ग्रो कर रही है आप 2-3 महीने हमारे साथ रहकर काम करो, फिर अगर आपको बदलाव न लगे तो आप मत करना ये काम।

OBJECTION - 22

प्रोडक्ट की क्या गारंटी है, जैसे आप बता रहे हो वैसे है भी या नहीं?

PROSPECT :- प्रोडक्ट की क्या गारंटी है, जैसे आप बता रहे हो वैसे है भी या नहीं ?

YOU :- कैसे पता चलेगा

PROSPECT :- यूज़ करके

YOU :- हम अपने एक्सपीरियंस से बता रहे है, वैसे ही आप प्रोडक्ट यूज़ करोगे तो बेनिफिट जरुर मिलेगा। कितना बेनिफिट है, ये तो यूज़ करके ही पता चलेगा। अगर आप 3-6 महीने यूज़ करो अगर कुछ भी अच्छा ना लगे तो आगे यूज़ मत करना।

OBJECTION - 23

मुझे डिस्काउंट दो दूसरा 30 % दे रहा है।

PROSPECT :- मुझे डिस्काउंट दो दूसरा 30 % दे रहा है।

YOU :- आपको पता है की पेप्सी 10 रुपये की आती है ?

PROSPECT :- हाँ

YOU :- अगर आपको कोई 10 रुपये वाली चीज़ 7 रुपये मे दे तो आप लोगे?

PROSPECT :- नही

YOU :- क्यों नही लोगे ?

PROSPECT :- हो सकता है की कुछ गड़बड़ हो / धोखा या माल नकली हो।

YOU :- तो जो प्रोडक्ट्स हमे पड़ता है, अगर कोई हमे कम दे रहा है तो क्या मतलब होगा? क्या आप अपनी और बच्चे की सेहत के साथ खिलवाड़ करना पसंद करोगे? हम आपका डिस्काउंट कार्ड बनवा देते है ओरिजिनल प्रोडक्ट भी मिलेगा और डिस्काउंट बड़ता ही जायेगा। कल कोई टीम मे बड़ा लीडर निकल गया तो लाखो कमाने और पूरी दुनिया घुमने का मौका भी हाथ मे रहेगा।

नोट :- कभी भी DP प्राइस से ज्यादा डिस्काउंट नही दे सकते |

OBJECTION - 24

इस कम्पनी के जैसी बहुत सारी कंपनी है / मैंने फलानी कंपनी ज्वाइन कीथी।

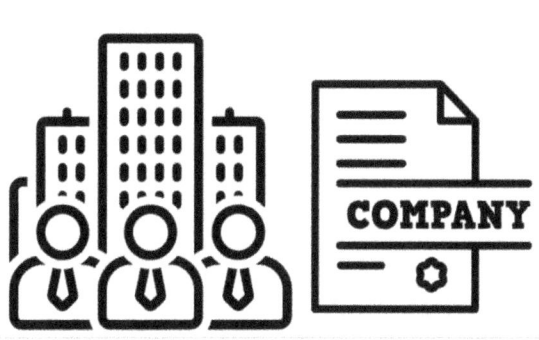

PROSPECT :- इस कम्पनी के जैसी बहुत सारी कंपनी है / मैंने फलानी कंपनी ज्वाइन की थी।

YOU :- एक पेपर के बीच में एक लाइन खीचकर दोनों के फीचर लिखिए और अपनी कंपनी के बारे मे बताइए। गूगल की मदद ले विकिपीडिया पर सर्च करे या अपने कैटलोग दिखाए।

नोट :- अपनी कंपनी की सफल उपलब्धियो को ज्यादा से ज्यादा जाने।

OBJECTION - 25

हमे कुछ अपना काम करना चाहिए।

PROSPECT :- हमे कुछ अपना काम करना चाहिए।

YOU :- जब हम कोई शॉप या एजेंसी खोलते है तो क्या प्रोडक्ट्स का ब्रांड / logo हमारा अपना होता है? या हम तब भी किसी दूसरे के ब्रांड के लिए काम कर रहे होते है?

PROSPECT :- दुसरे का ही ब्रांड होता है।

YOU :- क्या हम कभी उस ब्रांड के लिए काम करने के बाद अपने बुढ़ापे के लिए या बच्चो के लिए रोयालिटी इनकम बना पायेंगे ? टाइम फ्रीडम यानि बिना टाइम लगाये पैसा आयेगा क्या ?

PROSPECT :- गारंटी नहीं है।

YOU :- फैक्ट्री, शॉप या एजेंसी में हमें लग सकता है कि हम अपना काम कर रहे हैं, लेकिन हम किसी दूसरे कंपनी या ब्रांड को ग्रो करवाने का काम ही कर रहे होते हैं । जबकि रिस्क हमारा ही होता है। बिजनेस ग्रो करके हम अपनी जरूरते और सपने पूरे कर सकते हैं, बिज़नेस ऑटो पायलट पर आ जाता है। हम आपकी हेल्प करेंगे आईये शुरू करते हैं।

OBJECTION - 26

Company दुकानों पर सामान क्यों नहीं बेचती है?

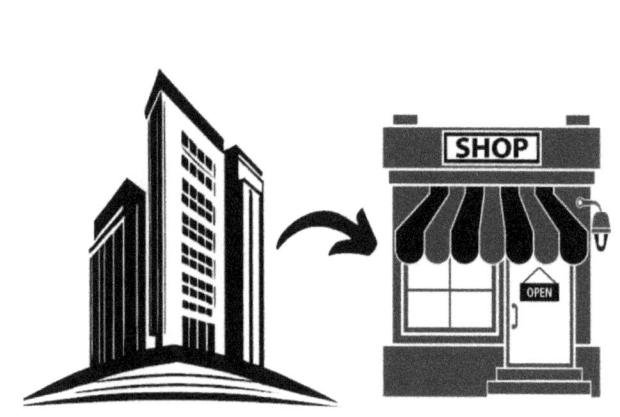

PROSPECT:- Company दुकानों पर सामान क्यों नहीं बेचती है ?

YOU:- क्या दुकानों पर सामान बेचने वाली कंपनी हमें पार्ट टाइम में पैसा कमाने का मौका देती है ?

PROSPECT:- नहीं

YOU :- डायरेक्ट सेल्लिंग के मॉडल से दूकान व्होल सेल distributors का पैसा बचाकर कस्टमर को इनकम के रूप में देती है। डायरेक्ट सेल्लिंग में कस्टमर नकली सामान से भी बच जाता है और इनकम भी पाता है।

OBJECTION - 27

मेरे बच्चे अभी छोटे हैं । बड़े हो जाये फिर बिज़नेस करंगी।

PROSPECT :- मेरे बच्चे अभी छोटे हैं । बड़े हो जाये फिर बिज़नेस करूंगी।

YOU :- ये तो बहुत अच्छा मौका है हैं इन बच्चों के लिए हम कुछ रोयालिटी इनकम बना दे। आपने देखा होगा कि 3 महीने के छोटे बच्चो को छोड़कर लेडीज 8-10 घंटे की जॉब पर जाती हैं, और घर के काम भी सम्भालती हैं। बड़े होकर बच्चे को कुछ याद नही रहता की उसके मम्मी या पापा उसे बचपन में छोड़कर कितनी देर और कितनी दूर गए थे लेकिन

जब वो बड़ा हो जाता है और उसके पैसे से जुड़ी जरूरते हम पूरी नहीं कर पाते, तो वह उसे पूरी जिन्दगी याद रहती है। यह बिजनेस हम इसलिए करते है ताकि हम अपने बच्चों से और उसके भविष्य से प्यार करते हैं। आओ मिलकर बढिया पैसा कमाएंगे।

OBJECTION - 28

मैं घर – घर नहीं जा सकती।

PROSPECT :- मैं घर - घर नहीं जा सकती।

YOU :- यह काम घर जाने का नहीं हैं। अगर ऐसी जरूरत होती तो कंपनी सेल्समेन रख लेती, हम अच्छी सेहत की इनफार्मेशन को अपने जानने वालों को बताते हैं। जैसे आम लाइफ में हम एक दूसरे के घर मिलने जाते हैं। कीट्टी पार्टीज में जाते हैं। इस बार भी वैसा ही है, लेकिन कुछ अच्छी इनफार्मेशन और एक्स्ट्रा पैसा कमाने की opportunity भी बताते हैं। इसमें दोनों ही फायदे हैं।

OBJECTION - 29

मेरे हस्बेंड को ये काम पसंद नहीं है। नेगेटिव हैं।

PROSPECT :- मेरे हस्बेंड को ये काम पसंद नहीं है। नेगेटिव हैं।

YOU :- अच्छा आपके हस्बेंड सुबह कितने बजे ऑफिस जाते हैं ?

PROSPECT :- सुबह 9 बजे

YOU :- और वो घर कितने बजे आतें हैं ?

PROSPECT :- रात को 9 बजे

YOU :- दिन में उनसे कितनी बार, बात हो पाती हैं ?

PROSPECT :- मुश्किल से एक बार

YOU :- क्या आपको उनका ये काम पसंद हैं ?

PROSPECT :- नहीं

YOU :- पर पैसे की मजबूरी में घर का खर्चा चलाने के लिए हमे उनका काम पसंद करना पड़ता है। अभी उनको इस बिजनेस के फैक्ट्स पता नहीं हैं हम शाम को आकर उनको ये बिजनेस दिखायेंगे। और उन्हें ये समझायेंगे की यह बिजनेस पैसे कमाने के लिए नहीं बल्कि पैसे कमाने की चिंता से मुक्ति के लिए करना है, फिर भी पसंद न आये तो कोई बात नहीं एक -एक कप चाय पियेंगे।

OBJECTION - 30

मेरी फैमिली के लोग, रिलेटिव्स, और फ्रेंड्स मेरा मजाक उड़ाते हैं ।

PROSPECT :- मेरी फैमिली के लोग, रिलेटिव्स, और फ्रेंड्स मेरा मजाक उड़ाते हैं ।

YOU :- जब हम अपने घर में होने वाले बर्थडे पार्टी, पूजा – पाठ को इंपोर्टेंस देते हैं तो लोग भी उसे उतना ही ज्यादा या कम इम्पोर्टेंस देते हैं। वैसे ही जब हम इस बिज़नस को प्रायोरिटी नहीं देते हैं, किसी प्रोग्राम में ना जाना, मीटिंग अटेंड न करना, रिलेटिव्स के चक्कर में सेमिनार्स एंड इवेंट्स में नहीं जाना, तो लोग भी हमारे बिजनेस पर फैथ नहीं करते, इसमे हमारा ही नुकसान होता है ,अगर हम बिजनेस को प्रायोरिटी नहीं दे, तो हमारा कम विश्वास देखकर लोग हमे अपना लीडर स्वीकार नहीं कर पाते हैं। इसमे हमारा ही नुक्सान है, इसका सॉल्यूशन यह है की हम अपनी ट्रेनिंग क्लासेस में रेगुलर जाये, सफल बने और फिर अपनी सक्सेस दिखाए।

OBJECTION - 31

मैं पहले से जॉब करती हूँ फिर घर के काम और बच्चो से बिलकुल टाइम नहीं मिलता।

PROSPECT :- मैं पहले से जॉब करती हूँ फिर घर के काम और बच्चो से बिलकुल टाइम नहीं मिलता।

YOU :- क्या ऑफिस में दो घंटे एक्स्ट्रा काम करना पडे तो आप नहीं करोगे ?

PROSPECT :- करना पड़ेगा

YOU :- क्या वहां एक्स्ट्रा काम करके पैसे की टेंशन खत्म हो जाएगी ?

PROSPECT :- नहीं होगी।

YOU :- यहाँ जॉब और फॅमिली के साथ साथ थोडा- थोडा काम करके खुद का ऑर्गनाइजेशन बढाकर, हजारो लेडीज जॉब से फ्री हो चुकी हैं और हसबेंड - वाइफ पूरी दुनिया की सैर कर रहे हैं। घर के काम के लिए ड्राइवर्स, कुक्स, माली और सिक्यूरिटी गार्ड्स रखे हैं। क्या यह जॉब से पॉसिबल हो पायेगा? हमे यहा नॉन प्रोडक्टिव टाइम लगाना है। तो आओ मिलकर शुरू करते हैं।

OBJECTION - 32

डायरेक्ट सेलिंग में कोई स्कोप नहीं है।

PROSPECT :- डायरेक्ट सेलिंग में कोई स्कोप नहीं है।

YOU :- सर, FICCI ने 5 दिसम्बर 2017 को 'ईज ऑफ डूइंग बिज़नेस इन इंडिया' नामक एक रिपोर्ट पेश की थी जिसमें बताया गया है कि विश्व भर में डायरेक्ट सेलिंग इंडस्ट्री ने वर्ष 2016 में 18,356 करोड़ अमेरिकी डॉलर का कारोबार किया और पूरे विश्व में करीब 10.7 करोड़ डायरेक्ट विक्रेताओं को पार्ट टाइम रोज़गार दिया।

FICCI केपीएमजी (KPMG) के हाल-फिलहाल की रिपोर्ट से पता चलता है कि डायरेक्ट सेलिंग में रिटेल सेल्स वर्ष 2025 तक करीब 64,500 करोड़ रुपये तक पहुँच जाएगी और इसमें करीब 1.8 करोड़ भारतीयों को स्वरोज़गार मिलेगा, जिसमें 60 फीसदी महिलाएं होंगी। भारत

में नेटवर्क मार्केटिंग इंडस्ट्री का स्वर्ण युग अभी शुरू हुआ है और इसमें सभी लोगों के लिए काफी अवसर हैं । अभी सही समय है तो आओ मिलकर शुरू करते हैं।

OBJECTION - 33

क्या गारंटी है नेटवर्क मार्केटिंग में पैसा आएंगे?

PROSPECT :- क्या गारंटी है नेटवर्क मार्केटिंग में पैसा आएंगे?

YOU :- "जब आप कॉलेज के लिए आवेदन करते हैं, तो क्या आप कॉलेज काउंटर पर पूछते हैं कि क्या गारंटी है कि आपको कॉलेज की डिग्री मिल जाएगी और अगर आपको डिग्री मिल भी गई तो इसकी क्या गारंटी है कि आपको" अच्छी नौकरी मिल जाएगी।"

◆ आपको नेटवर्क मार्केटिंग के बारे में अपने प्रॉस्पेक्ट को शिक्षित करना होगा। आपको उसे नेटवर्क मार्केटिंग के फायदों के बारे में बताना होगा। यह भी सुनिश्चित करें कि आप अपने प्रॉस्पेक्ट को बताएंगे कि यह नौकरी

या किसी अन्य व्यवसाय की तरह है। आपको पैसा तभी मिलेगा जब आप इसमें कड़ी मेहनत करेंगे।

◆ नेटवर्क मार्केटिंग में सफल लोगों की सफलता की कहानियां भी साझा करें। अपने प्रॉस्पेक्ट को बताएं कि कैसे इन सफल लोगों ने नेटवर्क मार्केटिंग में आवश्यक कार्यों को निष्पादित करके और दैनिक लक्ष्यों को प्राप्त करके नेटवर्क मार्केटिंग में सफलता हासिल की। अपने प्रॉस्पेक्ट को यह भी बताएं, ऐसी गारंटी की तलाश करने के बजाय जो मौजूद नहीं हैं और जो कभी भी मौजूद नहीं होंगी।आप अपने लक्ष्य की दिशा में अपने कार्यों की योजना बना सकते हैं। यदि आपने तय कर लिया है कि आप कहां पहुंचना चाहते हैं, तो आप उन लोगों के कार्यों के आधार पर यह तय कर सकते हैं कि वहां पहुंचने के लिए आपको हर महीने क्या करने की आवश्यकता है, जिन्होंने पहले ऐसा किया है।

और सच तो यह है कि नेटवर्क मार्केटिंग बिजनेस ने पिछले 20 सालों में भारत में 50 लाख से ज्यादा लोगों को बिजनेस का मौका दिया है। हर कोई जिसने सफल होने के लिए जो किया वह किया और अपना जीवन हमेशा के लिए बदल लिया और आपके पास भी अपना जीवन बदलने का समान अवसर है।

OBJECTION - 34

सिर्फ ऊपर – ऊपर के लोग कमाते हैं।

PROSPECT :- सिर्फ ऊपर -ऊपर के लोग कमाते हैं।

YOU :- मान लीजिए कि एक किराने की दुकान है जो 10 साल पुरानी है और उसके 100 ग्राहक हैं ,जो मासिक तौर पर उससे किराने का सामान खरीदते हैं।

कुछ दूरी के बाद एक नया किराना स्टोर खुला जिसने बहुत अच्छी मार्केटिंग की और मार्केटिंग के दम पर सिर्फ 2 साल में उसके 200 ग्राहक हो गए।

तो आपको क्या लगता है जो पहले आया वो ज्यादा कमाता है ? या "ऊपर-ऊपर के लोग ही कमाते हैं।"

जो दुकान 2 साल पहले खोली थी उसकी कमाई ज्यादा होती है क्योंकि उसकी बिक्री ज्यादा होती है.

जैसे पारंपरिक व्यवसाय में इससे कोई फर्क नहीं पड़ता, कि कौन पहले आता है, वह अधिक पैसा कमाएगा, नेटवर्क मार्केटिंग में भी ऐसा ही होता है इससे कोई फर्क नहीं पड़ता कि कौन पहले आता है , वह अधिक पैसा कमाएगा।

जिस व्यक्ति के पास बड़ी टीम है, वह निश्चित रूप से अधिक पैसा कमाएगा, चाहे वह 2 साल पहले आया हो या 10 साल पहले, इससे कोई फर्क नहीं पड़ता।

पारंपरिक व्यवसाय की तरह, आप तभी पैसा कमाएँगे, जब उत्पाद या सेवाएँ बेची जाएँगी। वही नेटवर्क मार्केटिंग बिजनेस में आप तभी पैसा कमा पाएंगे जब उत्पाद या सेवा आपके द्वारा या आपकी टीम द्वारा बेची जाएगी। वास्तव में, आप उस व्यक्ति से भी अधिक पैसा कमा सकते हैं, जिसने आपको व्यवसाय में पेश किया था।

मैंने लोगों को कंपनी में शामिल होने के केवल 2 वर्षों में ही एक दशक से अधिक समय से काम कर रहे लोगों को पछाड़ते हुए शीर्ष स्थान हासिल करते देखा है। यह पूरी तरह आप पर निर्भर करता है कि आप कैसे काम करते हैं।

यह सिर्फ एक भ्रम है कि केवल शीर्ष पर बैठे लोग ही पैसा कमाते हैं।

OBJECTION - 35

इस काम में कोई इज़्ज़त नहीं है।

PROSPECT :- इस काम में कोई इज़्ज़त नहीं है।

YOU :- सर, आप मुझे ऐसा कोई भी काम दिखा दें, जिसमें इज़्ज़त की गारंटी है। यह हमेशा याद रखें कि कोई भी काम आपको आय एवं इज्ज़त की गारंटी नहीं देता, यह आप पर निर्भर करता है, कि आप इस काम से पैसा और इज्ज़त कैसे कमा सकते हैं।

हर जगह अच्छे डॉक्टर भी होते हैं और बुरे डॉक्टर भी, जो गलत कामों में जुड़े होते हैं, वैसे ही अच्छे शिक्षक और बुरे शिक्षक दोनों ही होते हैं, अच्छे अकाउंटेंट एवं बुरे अकाउंटेंट, अच्छे इंश्योरेंस सेल्स एजेंट और बुरे सेल्स एजेंट आदि भी होते हैं। हर काम में, कुछ ऐसे लोग होते हैं जो अपने निजी मूल्यों एवं आचरण से रोल मॉडल बन जाते हैं, वहीं उसी काम में कई ऐसे

लोग होते हैं, जो उसे गलत तरीके से करने के कारण बहुत बदनाम होते हैं और उस काम को भी बदनाम करते हैं।

इज़्ज़त तभी आएगी जब आप अपने काम को सही मूल्यों, पूरी प्रतिबद्धता, ईमानदारी और बिज़नेस प्रोफेशनल की आचार संहिता का पालन करते हुए करेंगे।

अगर आप इन सब चीज़ों का अनुकरण करने के लिए तैयार हैं, तो आप खुद के लिए वही इज़्ज़त देख पाएंगे, जो इस धरती पर किसी और को उसके बिज़नेस में मिलती है। असल में, आपको यह समझने के लिए एक नेटवर्क मार्केटर होना पड़ेगा कि किसी प्रोफेशन में असली इज़्ज़त एवं प्यार का क्या अर्थ है ? मैंने मेरी पूरी जिंदगी में किसी भी प्रोफेशन या बिज़नेस में इतनी वास्तविक इज़्ज़त मिलते हुए नहीं देखी, जितनी कि नेटवर्क मार्केटिंग में मिलती है।

OBJECTION - 36

मुझे पैसे की जरूरत नहीं है ...!

PROSPECT :- मुझे पैसे की जरूरत नहीं है...!

YOU :- सर, आपकी बात एकदम सही है। मैं भलीभाँति जानता हूँ कि आपको अतिरिक्त पैसों की जरूरत नहीं है, लेकिन आपके परिचय में, आपके पड़ोस में, और आपके ऑफिस में ऐसे बहुत से जरूरतमंद लोग होंगे, जिन्हें अतिरिक्त आमदनी की सख्त जरूरत है। उनमें से कुछ लोगों ने तो शायद आपसे कभी कहा भी होगा। क्या आप ऐसे जरूरतमंद व्यक्तियों

की सहायता नहीं करना चाहेंगे? क्या आप समाज की प्रगति में अपना योगदान देना नहीं चाहेंगे?

PROSPECT :- चाहूंगा।

YOU :- तो चलिए सर, साथ मिलकर लोगों की हेल्प करते हैं।

OBJECTION - 37

दो नहीं मिले तो...?

PROSPECT :- दो नहीं मिले तो...?

YOU :- सर, आपको किसने कहा कि यह व्यवसाय, दो ढूंढने का है। आप मुझे बताइए कि आपको यह व्यवसाय अच्छा लगा ना।

PROSPECT :- हां

YOU :- तो यही व्यवसाय आपके चार-पाँच दोस्त, चार-पाँच रिश्तेदार, चार-पाँच पड़ोसी सुनेंगे तो उन्हें भी अच्छा लगेगा।

PROSPECT :- हां

YOU :- अब आप मुझे बताइए कि आपके चार-पाँच दोस्त और रिश्तेदार नहीं हैं। क्या मार्केट में हमारी इतनी भी इज्जत, इतना भी मूल्य नहीं है?

PROSPECT :- हैं

YOU :- तो आपको क्या लगता है? हम इन सभी लोगों को पूरा व्यवसाय समझाएंगे और पैसे कमाने का एक सुनहरा मौका देंगे, तो क्या वे लोग इनकार करेंगे? कौन इंसान पैसा कमाना नहीं चाहेगा?

PROSPECT :- सभी चाहेंगे

YOU :- मतलब हमें दो ढूंढने की जरूरत है, क्या? सरजी, यह हो सकता है कि आप अपने दस दोस्तों, रिश्तेदारों या पड़ोसियों को अपना बिजनेस प्लान बताओ, तो दस के दस लोग काम करने के लिए तैयार नहीं होंगे। हाँ, हो सकता है कि उनमें से पाँच लोग आपके साथ जुड़कर बिजनेस करने को तैयार हो जाएं, क्योंकि हम सभी जानते हैं कि एक स्कूल की एक क्लास में यदि सौ छात्र हैं, तो कभी भी सब के सब पास नहीं होते या कभी सब के सब फेल भी नहीं होते। एक सामान्य अनुपात कहता है- कि यदि सौ छात्र हैं, तो पचास छात्र पास होंगे और पचास छात्र फेल होंगे। उनमें से कुछ टॉप भी करेंगे। हाँ, समयानुसार यह अनुपात कम ज्यादा हो सकता है। तो दो लोग आएंगे कि नहीं, इसका टेंशन मत लो आओ मिलकर शुरू करते हैं।

OBJECTION - 38

मैंने काम नहीं किया तो?

PROSPECT :- मैंने काम नहीं किया तो?

YOU :- सर, आप अभी क्या काम कर रहे हैं?

PROSPECT :- मेरी खुद की किराना दुकान है।

YOU :- जी! आप अपना किराना दुकान कितने बजे खोलते और कितने बजे बंद करते हैं?

PROSPECT :- मैं सुबह 9:30 बजे दुकान खोलता हूँ और रात 10 बजे बंद करता हूँ।

YOU :- इससे आपकी महीने की कितनी आमदनी हो जाती है?

PROSPECT :- मैं महीने का 15,000/- से 20,000/- रुपये कमाता हूँ।

YOU :- इसका मतलब सिर्फ 15,000 से 20,000 रुपये के लिए आप दिन के 13 घंटे काम करते हैं, तो इस बिजनेस में भी पैसा ही मिलेगा। वह भी आपकी आमदनी से दस गुना ज्यादा! वह भी आपको ही नहीं, आपके जाने के बाद आपके परिवार को भी मिलेगा। तो क्या लगता है, इस में काम नहीं करना पड़ेगा क्या?

OBJECTION - 39

नीचे वाले ने काम नहीं किया तो ?

PROSPECT :- नीचे वाले ने काम नहीं किया तो ?

YOU :- इसका मतलब यह है कि आपको पूरा यकीन है कि आप अपने साथ कुछ लोगों को जोड़ लेंगे?

PROSPECT :- हाँ!

YOU :- पक्का जोड़ लेंगे ना!

PROSPECT :- हाँ! पक्का!

YOU :- सर, आप इस बिजनेस से सिर्फ प्रोडक्ट खरीदना चाहते हो या पैसा भी कमाना चाहते हो?

PROSPECT :- पैसा कमाना चाहता हूँ।

YOU :- तो क्या आपके साथ आने वाले लोग सिर्फ प्रोडक्ट खरीदना चाहेंगे या पैसा भी कमाना चाहेंगे? जाहिर सी बात है, हर कोई पैसा कमाना चाहेगा। जैसे आपको विश्वास है कि आप कुछ लोगों को जोड़ लेंगे, वैसे उन्हें भी विश्वास होगा। जैसे हमें देखकर मार्केट के कुछ लोग जुड़ जाएंगे, वैसे ही उन्हें भी देखकर मार्केट के कुछ लोग जुड़ जाएंगे। तो क्या लगता है, नीचे वाले काम नहीं करेंगे क्या?

OBJECTION - 40

आपकी कंपनी की जॉइनिंग अमाउंट बहुत ज्यादा है...

PROSPECT :- आपकी कंपनी की जॉइनिंग अमाउंट बहुत ज्यादा है..

YOU :- सर, मुझे बताइए यदि आप अपने मोहल्ले में एक छोटी-सी किराना दुकान लगाना चाहते हैं, जिसमें आप महीने का 5000/- से 10000/- कमा सकें, तो आपको उसके लिए कितना निवेश करना पड़ेगा?

PROSPECT :- लगभग 1 से 2 लाख।

YOU :- यदि शहर के बाजार लाइन में एक बड़ा-सा सुपर मार्केट लगाना है, जिसमें आप महीने का 1 से 2 लाख रुपये कमा सकते हैं, तो आपको कितना निवेश करना पड़ेगा?

PROSPECT :- 25 से 30 लाख रुपये।

YOU :- इसका सीधा सा मतलब है, सर, आप जितना लगाओगे उस हिसाब से ही कमाओगे। हमारी कंपनी में जितना आप लगा रहे हो, उतना लगाने के बाद जो अवसर आपको मिल रहा है, लाखों कमाने का वह पारंपरिक (Traditional) व्यवसाय के मुकाबले बहुत कम है। यदि आप 5000/- महीना कमाना चाहते हैं, तो लाखों लगाइए और लाखों कमाना चाहते हैं तो करोड़ों लगाइए!

OBJECTION - 41

मेरे पास इस काम का अनुभव नहीं है...

PROSPECT :- मेरे पास इस काम का अनुभव नहीं है...

YOU :- मुझे बताओ, क्या आप साइकिल चलाना जानते हो?

PROSPECT :- हाँ, जानता हूँ।

YOU :- क्या साइकिल चलाने से पहले आपको साइकिल चलाने का अनुभव था?

PROSPECT :- नहीं!

YOU :- आज आप जो नौकरी कर रहे हो, उस नौकरी का आपको कितने सालों का अनुभव था?

PROSPECT :- कुछ भी नहीं!

YOU :- दोस्त, कोई भी काम करना, कोई भी व्यक्ति माँ के पेट से नहीं सीखता। हर काम जीवन में पहली बार बिना अनुभव के ही शुरू होता है। आज आप भी सीखने की इच्छा से इस व्यवसाय से जुड़ जाइए। अनुभव अपने-आप आ जाएगा।

OBJECTION - 42

यह तो लोगों को बेवकूफ बनाने वाला काम है...!

PROSPECT :- यह तो लोगों को बेवकूफ बनाने वाला काम है...!

YOU :- सर, आपका यह सोचना बिलकुल सही है कि यह लोगों को बेवकूफ बनाने का व्यवसाय है। मैं इस व्यवसाय में आने से पहले आप ही की तरह सोचता था।

लेकिन जब मैंने इस क्षेत्र के महारथियों से बात की, तब उनसे मुझे पता चला कि आज तक नेटवर्क मार्केटिंग के नाम पर जितनी भी कंपनियों ने लोगों से पैसा इकट्ठा किया है और लोगों को धोखा दिया है, वे असल में नेटवर्क मार्केटिंग कंपनियाँ थीं ही नहीं। वे तो इन्वेस्टमेंट या चिटफंड कंपनियाँ थीं, जो अपने फायदे के लिए आम जनता को लालच दिखाकर बेवकूफ बना कर भाग गईं।

आज हम मार्केट से जो भी चीजें खरीदते हैं, उसमें बीचवाले लोग जैसे रिटेलर, होलसेलर, डिस्ट्रिब्यूटर्स, निर्माता (Manufacturer), विज्ञापन (Advertisement) करने वाले शाहरूख खान, ऐश्वर्या राय, धोनी आदि पैसा कमाते हैं। जिस चीज का निर्माण मूल्य (Manufacturing Cost) मात्र 10 रुपये होती है, वही चीज हमें इन बिचौलियों के कारण 80 से 90 रुपये की मिलती है।

लेकिन नेटवर्क मार्केटिंग प्रणाली में इसका उल्टा होता है। यहाँ निर्माता से प्रोडक्ट डायरेक्ट ग्राहक तक पहुँचता है, जिससे जो फायदा बिचौलियों को मिलता है, वह सीधे ग्राहकों को मिलता है।

अब आप मुझे बताइए, इस प्रणाली में लोगों को बेवकूफ बनाया जा रहा है या उनका फायदा हो रहा है?

OBJECTION - 43

यह बिजनेस इंडिया के हिसाब का नहीं है...

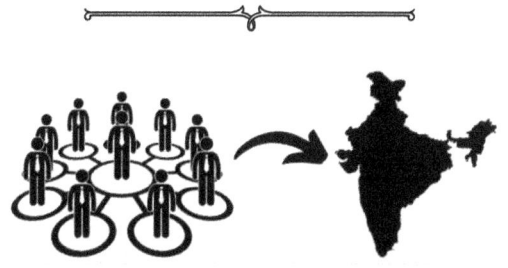

PROSPECT :- यह बिजनेस इंडिया के हिसाब का नहीं है...

YOU :- सर, यह कोई नया बिजनेस नहीं है, यह तो युगों-युगों से चलता आ रहा है। आज हमें मार्केट का कोई डॉक्टर अच्छा लगता है, तो हम उसके बारे में अपने दोस्तों, रिश्तेदारों और पड़ोसियों को बताते हैं। कोई दर्जी का काम अच्छा लगता है तो उसकी प्रशंसा करते हैं। कोई फिल्म पसंद आ गई तो उसके बारे में दूसरों को बताते हैं। बस यही तो नेटवर्क मार्केटिंग है, जो युगों-युगों से चलती आ रही है। इसलिए नेटवर्क मार्केटिंग किसी एक देश के लिए नहीं है, यह सभी देशों के लोगों के लिए है।

नेटवर्क मार्केटिंग चलने के लिए सबसे जरूरी है लोग और हम सभी जानते हैं कि पूरी दुनिया में जनसंख्या में सबसे आगे भारत ही है!

तो क्या आपको लगता है, यह व्यवसाय भारत के लिए है?

OBJECTION - 44

यह तो खाली / बेरोजगार लोगों का काम है...

PROSPECT :- यह तो खाली / बेरोजगार लोगों का काम है..

YOU :- सर, यह खाली लोगों का काम नहीं बल्कि अपने खाली समय का सही उपयोग करने का काम है। जो समय ऑफिस से आने के बाद हम टी.वी. देखने में, मोबाइल चलाने में, दोस्तों-यारों से गप्पे करने में गुजारते हैं, उसमें से थोड़ा समय भी यदि हम इस बिजनेस को देते हैं, तो हमारे खाली समय का सदुपयोग भी हो जाएगा और हमारी आमदनी भी बढ़ जाएगी।

OBJECTION - 45

कंपनी इतना पैसा कैसे देती है?

PROSPECT :- कंपनी इतना पैसा कैसे देती है?

YOU :- सर, आज तक मार्केट से हम जो भी चीजें, सामान खरीदते हैं, उन पर एक लंबी चैन होती है, जैसे- निर्माता, विज्ञापनवाले, डिस्ट्रीब्यूटर, होलसेलर, रिटेलर, शाहरूख खान, ऐश्वर्या राय, सचिन तेंडुलकर पैसा कमाते हैं।

नेटवर्क मार्केटिंग में सीधे निर्माता से ग्राहक तक माल पहुँचता है। जिससे जो भी बीचवाला पैसा बचता है, उसमें से कुछ प्रतिशत कंपनी अपने पास रखती है और बाकी का बचा हुआ हम जैसे नेटवर्कर्स को देती है।

इस तरह से पुराने सिस्टम को तोड़कर नेटवर्क मार्केटिंग कंपनी ग्राहकों को फायदा पहुँचाती है और ग्राहक को कमिशन देती है।

OBJECTION - 46

मुझे इसमें इंटरेस्ट नहीं है।

PROSPECT :- मुझे इसमें इंटरेस्ट नहीं है।

YOU :- सर, यदि आपको बोला जाए कि आपको चपरासी की नौकरी दी जा रही है तो क्या आप करेंगे ?

PROSPECT :- नहीं

YOU :- और वह चपरासी की नौकरी सरकारी होगी और उसकी सैलरी 50,000 होगी तो?

अब हर कोई व्यक्ति चपरासी की नौकरी में इंटरेस्ट लेना शुरू कर देगा क्योंकि उसके फायदे को उन्हें मालूम हो गए हैं या उनको समझ आ गया कि सरकारी नौकरी भी है और 50,000 सैलरी भी है।

तो याद रखेंगे दोस्तों , इंटरेस्ट काम में नहीं होता है बल्कि उस काम से होने वाले फायदे में लोगों का इंटरेस्ट होता है।

जब आप नेटवर्क मार्केटिंग से होने वाले फायदे को समझ जायेंगे तो 100% इसमें आपका इंटरेस्ट हो जाएगा।

OBJECTION - 47

मेरे हिसाब के प्रोडक्ट नहीं है...

PROSPECT :- मेरे हिसाब के प्रोडक्ट नहीं है..

YOU :- सर, आज तक हमने बाजार से हमारे पसंदीदा और हमारे हिसाब के बहुत सारे प्रोडक्ट खरीदे हैं। लेकिन क्या आज तक किसी प्रोडक्ट को खरीदने से हमें बाजार से करोड़ों रुपये कमाने का मौका मिला है? मगर यहाँ पर, पूरे जीवन में एक बार, कोई एक प्रोडक्ट खरीदने से यदि हमें करोड़ों रुपये कमाने का मौका मिल रहा है, तो क्या हम करोड़ों कमाने वाला प्रोडक्ट पसंद नहीं करेंगे?

OBJECTION - 48

मुझे अच्छा बोलना नहीं आता...

PROSPECT :- मुझे अच्छा बोलना नहीं आता..

YOU :- आप एकदम सही हैं, सर। जब मैं इस बिजनेस में जुड़ा था, तब मुझे भी अच्छा बोलना नहीं आता था। मुझे भी नए लोगों से बातचीत करने में घबराहट होती थी।

लेकिन कंपनी के सिस्टम और शिक्षा प्रणाली में आकर मैंने जाना कि कोई भी इंसान जन्म से अच्छा बोलना सीखकर नहीं आता। वह इसी समाज में रहकर अच्छा बोलना सीखता है।

आज मैं भी नए लोगों से अच्छी तरह घुल-मिल कर बातें कर सकता हूँ। अब मेरी घबराहट भी खत्म हो गई है। इसलिए, अगर आपको अच्छा बोलना नहीं आता तो कोई चिंता नहीं। इस सिस्टम में जुड़कर आप भी मेरी तरह अच्छी भाषा शैली सीख लेंगे।

OBJECTION - 49

नेटवर्क मार्केटिंग में झूठे सपनें दिखाते हैं।

PROSPECT :- नेटवर्क मार्केटिंग में झूठे सपनें दिखाते हैं।

YOU :- सर, धीरुभाई अंबानी ने भी पहले रिलायंस इंडस्ट्रीज खड़ी करने का सपना ही तो देखा था। यदि वे सपना नहीं देखते तो क्या आज रिलायंस इंडस्ट्रीज खड़ी हो पाती ?

PROSPECT :- नहीं

YOU :- यदि महात्मा गांधी ने भी स्वतंत्र भारत का सपना नहीं देखा होता तो क्या आज हमें आजादी मिल पाती?

PROSPECT :- नहीं

YOU :- इसी कारण से नेटवर्क मार्केटिंग बिजनेस में भी पहले लोगों को सपना दिखाया जाता है और फिर उसे पूरा करने के लिए एक सिस्टम और एक रास्ता दिया जाता है। जहां से आप सिस्टम को फॉलो करते हुये उन सपनों को हासिल करते जाते हैं। इसके लिए समय, धैर्य, और लगातार सीखते हुये मेहनत करनी पड़ती है।

किसी भी कंपनी में सिर्फ आईडी लगा लेने से, ज्वाइन कर लेने, प्रोडक्ट खरीद लेने से या सपना देखते रहने से **काम** पूरा नहीं होता बल्कि उन्हे पूरा करने के लिए मेहनत, लगन, जोश, सम्पूर्ण आत्मविश्वास की जरूरत पड़ती है।

यह बात 100% सच है, जिन लोगों ने अपने सपनों के लिए मेहनत की उन्होने सपने पूरे किए। और जिन आलसी लोगों ने सिर्फ खयाली पुलाव पकाए उन लोगों के सपनें सिर्फ सपनें ही रह गए। और यहीं वह लोग हैं जो मार्केट में भ्रांतियाँ, अफवाहें फैलाते हैं कि नेटवर्क मार्केटिंग में झूठे सपनें दिखाते हैं। जो कभी पूरे नहीं होते।

◆ इसके बाद अपने प्रॉस्पेक्ट को उन लोगों के फोटो, नाम, काम, स्टोरी भी बताएं जो एक साधारण वर्ग के लोग भी होकर कैसे नेटवर्क मार्केटिंग में आकर, अपने एक - एक सपने को पूरा कर रहे हैं और सफल भी हो रहे हैं।

OBJECTION - 50

बन्दे जोड़ने का काम तो नही है?

PROSPECT :- बन्दे जोड़ने का काम तो नही है?

YOU :- अच्छा सर, मुझे बताइए आपके पास मोबाइल फोन कौनसी कंपनी का है?

PROSPECT :- नोकिया कंपनी का है।

YOU :- यदि आपका कोई करीबी मित्र या रिश्तेदार आपसे पूछता है कि मुझे भी नया मोबाइल खरीदना है, कौन सा खरीदूँ? तो आप क्या कहेंगे?

PROSPECT :- मैं नोकिया का ही मोबाइल खरीदने की उन्हें सलाह दूँगा।

YOU :- सर, नोकिया ही क्यों?

PROSPECT :- क्योंकि नोकिया मोबाइल से मैं संतुष्ट हूँ। इसलिये उन्हें भी संतुष्टि मिलेगी।

YOU :- बस! सर, यही तो नेटवर्क मार्केटिंग है। जिस तरह पहले आपने नोकिया कंपनी का मोबाइल 'यूज' किया फिर खुद संतुष्ट होने के बाद अपने करीबी लोगों को भी सलाह दी।

उसी तरह पहले आपको कंपनी में जुड़कर कंपनी के सिस्टम को समझना है। कंपनी के प्रोडक्ट्स का उपयोग करना है। फिर यदि आप संतुष्ट होते हैं, तो ही अपने करीबियों को सलाह देनी है।

सर, नेटवर्क मार्केटिंग, लोगों को जोड़ने का बिजनेस नहीं है। यह तो 'माउथ टू माउथ' विज्ञापन करने का बिजनेस है।

OBJECTION - 51
यह तो पढ़े-लिखे लोगों का काम है...

PROSPECT :- यह तो पढ़े-लिखे लोगों का काम है...

YOU :- सर, जब मैं नया-नया इस सिस्टम से जुड़ा था, तब मैं भी आपकी तरह सोचता था कि यह सिर्फ पढ़े-लिखे लोगों का ही काम है।

लेकिन जब मैंने नेटवर्क मार्केटिंग की कुछ किताबें पढ़ीं, सीडी सुनी, ट्रेनिंग प्रोग्राम में हिस्सा लिया तब मुझे समझ में आ गया कि मैं गलत था। नेटवर्क मार्केटिंग लोगों से, इंसानों से संबंधित बिजनेस है। यहाँ हमें अपने व्यावहारिक ज्ञान का उपयोग करना पड़ता है। नेटवर्क मार्केटिंग में सफल

होने के लिए हमें किसी किताबी ज्ञान या डिग्री, कंप्यूटर ज्ञान की जरूरत नहीं पड़ती है। यहाँ सफलता पाने के लिए तो बस आत्मविश्वास, मेहनत, समर्पण, बुलंद इरादों की जरूरत होती है और इन चीजों के लिए किसी स्कूल, कॉलेज में जाकर कोई डिग्री लेने की जरूरत नहीं है। ये शक्तियाँ तो हर इंसान के अंदर होती हैं।

OBJECTION - 52

मैं एक साथ दो काम नहीं कर सकता...।

PROSPECT :- मैं एक साथ दो काम नहीं कर सकता...।

YOU :- आज जितने भी बड़े बिजनेसमैन बने हैं, उनमें से हर व्यक्ति अलग-अलग बिजनेस करता है। हम तो एक साथ दो जगह काम करने को आगे-पीछे देखते हैं।

लेकिन अंबानी जैसे लोग तो पेट्रोलियम, मोबाइल से लेकर सब्जी-भाजी तक बेचने के लिए मार्केट में उतर गए हैं। जब ये इतने सारे काम कर सकते हैं, तो क्या हम एक साथ दो जगह काम नहीं कर सकते?

सर, गाड़ी में एक अतिरिक्त टायर (स्टेपनी) हमेशा क्यों रखी जाती है?

PROSPECT :- यदि कभी सफर में कोई मुश्किल आ जाए तो तुरंत उस अतिरिक्त टायर का उपयोग किया जाता है।

YOU :- उसी तरह आज नौकरी की भी कोई गारंटी नहीं रही है। इसलिए कभी भी भविष्य में कोई तकनीकी मुश्किल के कारण हमें घबराने की जरूरत नहीं है।

क्योंकि हमारे पास नेटवर्क मार्केटिंग जैसा सशक्त माध्यम है।

OBJECTION - 53

यह छोटे-मोटे काम, मैं नहीं करता...।

PROSPECT :- यह छोटे-मोटे काम, मैं नहीं करता...

YOU :- सर, आपका कहना बिलकुल ठीक है। नेटवर्क मार्केटिंग लागत लगाने के मामले में बिलकुल छोटा सा बिजनेस है। इतना छोटा कि हर तरह का व्यक्ति इसे कर सकता है, लेकिन पैसा कमाने के मामले में नेटवर्क मार्केटिंग बिजनेस बहुत-बहुत बड़ा है। इतना बड़ा कि दूसरे बिजनेस में

करोड़ों लगाकर हम जितना नहीं कमा सकते, उससे कई गुना ज्यादा नेटवर्क मार्केटिंग में कमा सकते हैं, जिसके लिए लागत कुछ भी नहीं।

सर, आपकी तरह ही हमारी कंपनी में एक मिस्टर शर्मा जी हैं। ABC पोस्ट पर काम कर रहे हैं। लेकिन आज हमारी कंपनी में हफ्ते का 2 लाख कमा रहे हैं, वह भी हँसते-खेलते! अभी आप ही बताइए सर, जो बिजनेस में लोग हफ्ते का 2-3 लाख, मतलब महीने का 10 लाख कमा रहे हैं, वह भी व्हाइट मनी, तो क्या ऐसा बिजनेस छोटा-मोटा हो सकता है?

OBJECTION - 54

मेरा तो भाग्य ही खराब है...।

PROSPECT :- मेरा तो भाग्य ही खराब है...

YOU :- आपका कहना एकदम सही है, सर! हो सकता है, आपका भाग्य खराब हो, या आपका शुभ-मुहूर्त आया ना हो, लेकिन नेटवर्क मार्केटिंग

का व्यवसाय अलग है। यहाँ हमारे नीचे (डाउनलाइन) में जब काम होता है, तब हमारी इनकम बनती है।

अगर हमारा समय या नसीब खराब है, तो हम ऐसे कुछ लोगों को अपने साथ (डाउनलाइन) में जोड़ सकते हैं, जिनका भाग्य अच्छा हो, जिनका समय अच्छा चल रहा हो। जिस वजह से वे लोग, यहाँ सफल हो जाएंगे और नेटवर्क मार्केटिंग में जब डाउनलाइन सफल होती है तो ऊपरवाला लीडर भी सफल हो जाता है। लीडर की आय भी बढ़ जाती है। मतलब यहाँ अच्छे भाग्य वालों के साथ काम करके हमारा भाग्य भी बदल जाता है। हमारा बुरा समय अच्छे समय में परिवर्तित हो जाता है। समय एक ऐसी चीज है, जो पत्थर को भी हीरे में बदल देता है।

OBJECTION - 55

नेटवर्क मार्केटिंग से पर्सनल संबंध खराब होते हैं ।

PROSPECT :- नेटवर्क मार्केटिंग से पर्सनल संबंध खराब होते हैं।

YOU :- सर, बहुत सारे नेटवर्कर्स को 'मैं हूँ ना' बोलने की बुरी आदत लग गई है। ये हर व्यक्ति से कहते फिरते हैं, तुम्हें कुछ नहीं करना है, तू बस एक बार जुड़ जा। बाकी सब मैं देख लेता हूँ। मैं बैठा हूँ ना, मेरे पर छोड़ दे। मैं सब कर दूँगा। इस तरह से 'मैं हूँ ना' बोलने वाले हर व्यक्ति के नेटवर्क

मार्केटिंग में संबंध खराब हुए हैं। क्योंकि नेटवर्क मार्केटिंग में एक सिस्टम होता है, जिसको फॉलो करके हम सफल हो सकते हैं। लेकिन यदि हम सिस्टम को फॉलो नहीं करेंगे, मेहनत से प्लान नहीं दिखाएंगे तो असफल हो जाएंगे और जब भी कोई नेटवर्क में असफल होता है, तब अपने डायरेक्ट अपलाइन को कहता है कि, 'तूने तो कहा था कि मैं हूँ ना', मैं सब देख लूंगा?'

और ऐसे समय में जब अपलाइन उसे कुछ समझाने जाता है, तब डाउनलाइन समझने को तैयार नहीं रहता है और आपसी मनमुटाव करके संबंध में दरार बना लेता है।

सर, नेटवर्क मार्केटिंग बहुत ही साफ-सुथरा व्यवसाय है, और इसे साफ-सुथरे ढंग से, ईमानदारी से करने वाले किसी भी नेटवर्कर के पर्सनल संबंध कभी भी खराब नहीं हुए। इसलिए यदि आप भी चाहते हैं कि आपके अपनों के साथ आपसी संबंध बने रहें तो उनसे कभी भी इस व्यवसाय को लेकर कोई झूठा वादा ना करें, गलत जानकारी ना दें, साथ में जुड़ने वाले हर व्यक्ति से कहें कि साथ में मिलकर काम करेंगे, एक साथ मेहनत करेंगे। यदि इस तरह से हर नेटवर्कर व्यवसाय करेगा तो किसी के साथ कभी भी संबंध खराब नहीं होंगे।

OBJECTION - 56

मैं नेटवर्क मार्केटिंग बिजनेस नहीं कर सकता, इसमे बहुत रिस्क है।

PROSPECT :- मैं नेटवर्क मार्केटिंग बिजनेस नहीं कर सकता, इसमें बहुत रिस्क है।

YOU :- रिस्क मतलब किस तरह का रिस्क, सर?

PROSPECT :- पैसों का रिस्क!

YOU :- मुझे बताइए सर, आपने इस बिजनेस को शुरू करने के लिए कितना पैसा लगाया?

PROSPECT :- पाँच हजार रुपये!

YOU :- सही है, सर। आपने पाँच हजार देकर यहाँ से एक किट खरीदी। जिस किट में आपको जरूरत की वस्तुएँ मिल गई। मान लेते हैं, आपकी कोशिश करने के बावजूद आपका नेटवर्क आगे नहीं बढ़ पाया तो फिर क्या होगा? आपको आपके पैसों के बदले जो किट मिली है, वह किट आप इस्तेमाल करके अपने पूरे पैसे वसूल कर सकते हैं। अब आप ही बताइए सर, आपका क्या नुकसान हुआ?

PROSPECT :- कुछ भी नहीं!

YOU :- तो फिर सर, जहाँ कोई नुकसान ही नहीं तो फिर रिस्क किस बात की?

सर, दूसरे बिजनेस की तरह नेटवर्क मार्केटिंग को शुरू करने के लिए हमें लाखों रुपये लगाने की कोई जरूरत नहीं। हमारा अभी जो भी काम या नौकरी चल रही है, उसे छोड़ने की भी जरूरत नहीं। मात्र एक छोटी सी किट लेकर दिन में एक घंटा देना है, जो हम इधर-उधर गपशप करने में गवां देते हैं। इसके बाद यदि हम सफल होते हैं तो अच्छी-खासी आमदनी आएगी। या असफल भी होते हैं, तो कोई रिस्क नहीं, क्योंकि हमने पैसा दिया और माल खरीदा!

मान लीजिए हम किसी TV शोरूम में जाकर कोई TV खरीद कर लाते हैं, तो क्या इसमें कुछ रिस्क है?

PROSPECT :- नहीं

YOU :- क्योंकि हमने पैसा दिया और TV लाए । ऐसा ही नेटवर्क मार्केटिंग में होता है। पैसा दो और वस्तुएँ लो। हिसाब बराबर!

OBJECTION - 57

अभी नेटवर्क मार्केटिंग बिजनेस में सॅच्युरेशन आ गया है...।

PROSPECT :- अभी नेटवर्क मार्केटिंग बिजनेस में सॅच्युरेशन आ गया है...

YOU :- बिलकुल नहीं, सर। मुझे बताइए आप ऐसे कितने लोगों को जानते हैं या आपके ऐसे कितने मित्र हैं, जो नेटवर्क मार्केटिंग में काम कर रहे हैं?

PROSPECT :- फिलहाल तो कोई भी नहीं। या दो-तीन जान-पहचान के लोग हैं।

YOU :- अब आप बताइए सर, जब आपके ही मित्रगण, रिश्तेदार, जान-पहचान के लोग नेटवर्क मार्केटिंग में नहीं जुड़े हैं, तो फिर हम कैसे समझ सकते हैं कि इस बिजनेस में सॅच्युरेशन आ गया है?

आज बड़े-बड़े शहरों में काफी सारे मॉल्स खुल रहे हैं, जहाँ एक ही छत के नीचे जरूरत की हर चीज मिल जाती है। मगर क्या इस कारण से छोटी-छोटी दुकानदारों की दुकानें बंद हो गई हैं? या उनके व्यवसाय में सॅच्युरेशन आ गया है? बल्कि हम देखते हैं आज भी हजारों नई छोटी-दुकानें हर रोज खुलती हैं।

पहले भारत में कोई भी मोबाइल कंपनी नहीं थी। आज ढेरों कंपनियाँ हैं और हर कंपनी के पास ग्राहकों की भीड़ है। आज 90% लोगों की जेब में मोबाइल फोन है। फिर भी आज भी कोई नई कंपनी नए सिरीज़ का मोबाइल लॉन्च करती है, तो हमें वेटिंग में रहना पड़ता है।

देखिए सर, किसी भी क्षेत्र में सॅच्युरेशन जैसी कोई भी चीज नहीं होती। दिन-ब-दिन जनसंख्या बढ़ रही है। नई-नई टेक्नॉलॉजी आ रही हैं और उसी के साथ नए व्यवसाय और नए प्रोडक्ट के लिए जगह बन रही है।

तो आप ही बताइए सर, क्या नेटवर्क मार्केटिंग बिजनेस में सॅच्युरेशन आ सकता है?

OBJECTION - 58

नेटवर्क मार्केटिंग में स्वार्थी, लालची लोग होते हैं।

PROSPECT :- नेटवर्क मार्केटिंग में स्वार्थी, लालची लोग होते हैं।

YOU :- आपकी बात एकदम सही है, सर! आज नेटवर्क मार्केटिंग ही नहीं बल्कि हर व्यवसाय, हर क्षेत्र में स्वार्थी, लालची लोग भरे पड़े हैं, जो अपना काम निकालने के लिए हम जैसे लोगों का इस्तेमाल करते हैं। लेकिन सर, यह बात भी सही है कि हर क्षेत्र में कुछ आपकी तरह भले लोग भी हैं जो सबका भला चाहते हैं, अपने साथ सभी को लेकर चलते हैं। ऐसे ही मेरे अपलाइन मिस्टर शर्मा सर हैं, जो हर कदम पर मुझे सही राह दिखाते हैं। आज उनके ही मार्गदर्शन में मेरी पचास लोगों की टीम बन गई है। शर्मा सर का स्वभाव बहुत ही परोपकारी है, वह खुद से पहले अपने डाउनलाइन

की इनकम के बारे में सोचते हैं। इस वजह से आज हमारी कंपनी में वह काफी लोकप्रिय और सफल हैं।

यदि शर्मा सर जैसे व्यक्ति के साथ आप और हम मिलकर काम करेंगे तो हमें भी सफल होने से कोई रोक नहीं सकता।

59. MOST –IMPORTANT

2-3 सवालों के जवाब देना है, अगर प्रोस्पेक्ट इसके बाद भी सवाल पूछता रहे तो उसके सवाल एक पेपर पर लिखना शुरू कर दें और पूछें कि कुछ और सवाल है, अगर कहे बस यही यही है तो लास्ट में एक New लाइन ड्रा कर दें और पूछें

YOU :- अगर आपको इसके लॉजिकल जवाब और Satisfaction मिल जाये तो क्या आप काम शुरू कर देंगे? और हमारे साथ मिलकर पैसा कमाएंगे?

PROSPECT :- हाँ

YOU :- मैं आपके साथ मिलकर काम करूंगा ताकि आप 7-8 लाख रूपए साल का कमाने लगे, उसके लिए आपको अपना कुछ पैसा, समय और एनर्जी अपने लिए खर्च करनी होगी। क्या मैं आपसे कुछ सवाल पूछ सकता हूं?

YOU :- 7-8 लाख रुपया साल का कमाने के लिए आपको बिज़नस सीखना पड़ेगा, क्या आप सीखने को तैयार है?

PROSPECT :- हाँ

YOU :- 7-8 लाख रुपया साल का कमाने के लिए क्या आप हमारी हेल्प लेने को तैयार है?

PROSPECT :- हाँ

YOU :- 7-8 लाख रुपया साल का कमाने के लिए नॉन – प्रोडक्टिव टाइम में इसके लिए काम करना पड़ेगा क्या आप इसके लिए तैयार हैं?

PROSPECT :- हाँ

YOU :- 7-8 लाख रुपया साल का कमाने के लिए सफल लोगो की बुक्स भी पढनी पड़ेगी और ट्रैनिंग में आना पड़ेगा क्या आप तैयार हैं?

PROSPECT :- हाँ

YOU :- ग्रेट अब उस व्यक्ति से हाथ मिलाकर उसकी आँखों में देखते हुए बोले, क्या आप मुझपर 2-3 महीने विश्वास कर सकते हैं ?

PROSPECT :- हाँ

YOU :- मैं आपका फ्री में रजिस्ट्रेशन करवाके आपको कुछ पैसे कमाने में हेल्प करके कही भाग तो नहीं जाऊंगा। तो फिर इन सारे questions को अभी dustbin में डाल दो 2-3 महीने हम मिलकर काम करेंगे, फिर भी नहीं चला तो छोड़ देना, हम बस दोस्त रहेंगे। आपके पास से तो कुछ गया नही।

अगर वो अभी भी बिजनेस स्टार्ट करने के लिए राजी न हों, तो कहें, 'शायद अभी आपका बिजनेस में रूचि नहीं है, लेकिन आप अच्छी quality के प्रोडक्ट्स तो यूज़ करना चाहोगे ?' और कुछ प्रोडक्ट्स उन्हें रिटेल कर दे। अगर तब भी न माने तो उनसे कहें की, ' आप कुछ लोगो के नंबर दे सकते हैं जिन्हें आपको लगता हो की इस बिज़नस की जरूरत हो' ।

60. नेटवर्क मार्केटिंग को जोडने वाला बिजनेस कहकर मजाक उड़ाने वालों के लिए एक सवाल ही काफी है।

जब भी आप किसी को बताते हो की आप नेटवर्क मार्केटिंग बिजनेस करते हो, तो अक्सर लोगों का कुछ ऐसा जवाब होता है –

जवाब :- ओहो! वही जोड़ने वाला काम, फंसाने वाला काम, लोगों को बेवकूफ बनाने वाला काम।

जब आप किसी व्यक्ति से ऐसा सुनते हो तो उसको बस एक सवाल करना है और वो खुद फंस जाएगा।

उसकी जो फेवरेट चीज होगी उसी में उसे फंसाना है, चलिए उदाहरण के तौर पर समझते हैं-

सवाल :- आपका फेवरेट खेल कौनसा है ?

मान लीजिए वो कुछ भी बोलता है, जैसे –

जवाब :- Cricket

सवाल :- आप क्रिकेट के बारे में जानते हैं ?

जवाब :- हां

सवाल :- ओह! तब तो आपका सिलेक्शन भारतीय टीम में हुआ होगा?

जवाब :- नहीं

सवाल :- क्यों? आपको तो क्रिकेट के बारे में अच्छी जानकारी होगी

जवाब :- हां, पर उतना नही जानता हूं

सवाल :- आप नेटवर्क मार्केटिंग बिजनेस के बारे में कितना जानते हो ?

जवाब :- मैने सुना है, मेरे चाचा जी किसी कंपनी में करते थे। पर उनको पैसा नही मिला बस इतना ही जानता हूं

इसका मतलब आप कुछ नही जानते, जब आपको इस बिजनेस के बारे में कुछ पता ही नही तो क्यों इधर - उधर अपना फालतू ज्ञान बांट रहे हो जिस तरह से सिर्फ क्रिकेट की जानकारी हो जाने से भारतीय क्रिकेट टीम में सिलेक्शन नही हो जाती, उसी तरह नेटवर्क मार्केटिंग में सिर्फ प्लान देखकर या कंपनी को ज्वॉइन करने से पैसे नही आने लगते, उसके लिए उस सिस्टम पे काम करना पड़ता है, लोगों को अपने बिजनेस में लाना पड़ता है, प्रोडक्ट सेल करने पड़ते हैं , तब पैसा आता है, कोई भी कंपनी फ्री में बैठाकर पैसा नही देती।

नेटवर्क मार्केटिंग बिजनेस एक आत्मनिर्भर बिजनेस है, इसमें कंपनी किसी को सैलरी नही देती, इसमें हम खुद डिसाइड करते हैं कि हम कितना कमा सकते हैं लेकिन उसके लिए उस सिस्टम के साथ काम करना पड़ता है।

जिस तरह गवर्नमेंट जॉब पाने के लिए दिन रात पढ़ाई करनी पड़ती है, एक दुकानदार को अपना सामान बेचने के लिए दुकान खोलकर बैठना पड़ता है, बिना ड्यूटी जाए सैलरी नही आती, ठीक उसी तरह नेटवर्क मार्केटिंग में भी काम करने से पैसे आते हैं ना की सिर्फ प्लान देखकर या इसको ज्वॉइन करने से।

www.ingramcontent.com/pod-product-compliance
Lightning Source LLC
LaVergne TN
LVHW061552070526
838199LV00077B/7008
9789356218222